Paleo 2023

En guide til sund og bæredygtig kost i en moderne verden

Sofie Jensen

Indholdsfortegnelse

Steg asiatisk oksekød og grøntsager ... 10

Cederplankebøffer med asiatisk smørepålæg og coleslaw ... 12

Pandestegte Tri-Tip Steaks med Blomkål Peperonata ... 15

Grillede Steaks au Poivre med Dijon-svampesauce ... 17

bøffer ... 17

Dip   17

Grillede bøffer med Salsa Salsa og Chipotle karameliserede løg ... 20

bøffer ... 20

sauce salat ... 20

karamelliserede løg ... 21

Grillede Ribeyes med urteløg og hvidløg "smør" ... 23

Ribeye salat med grillede rødbeder ... 25

Short ribs i koreansk stil med stegt ingefærkål ... 27

Baby ribben med citrus og fennikel Gremolata ... 30

Ribben ... 30

ristet græskar ... 30

gremolata ... 31

Oksekødstærter i svensk stil med dild-sennep agurksalat ... 33

Agurkesalat ... 33

Kød empanadas ... 33

Rucolastegte okseburgere med ristede rodfrugter ... 37

Grillet oksekød burgere med sesam crusted tomater ... 40

Burgere på pind med Baba Ghanoush-dyppesauce ... 43

Røget fyldte peberfrugter ... 45

Bison burgere med cabernet løg og rucola ... 48

Bison- og lammekødsbrød på Chard og søde kartofler ... 51

Bison frikadeller sauset med æble og ribs med zucchini Pappardelle ... 54

dumplings ... 54

Æble- og ribssauce ... 54

zucchini pappardelle ... 55

Bison Porcini Bolognese med ristet hvidløg Spaghetti Squash ... 57

bison chili con carne 60
Marokkanske krydrede bisonsteaks med grillede citroner 62
Bison mørbrad gnedet med urter fra Provence 64
Kaffebraiseret Bison Short Ribs med Mandarin Orange Gremolata og Selleri Root Puré 66
Marinade 66
simre 66
oksebensbouillon 69
Tunesisk krydret svinekødskulder med krydrede pommes frites 72
Svin 72
pommes frites 72
Cubansk grillet svinekød skulder 75
Italiensk krydret flæskesteg med grøntsager 78
Slow Cooker Pork Mole 80
Svine- og græskargryderet med kommen 83
Top lændesteg fyldt med frugt med brandy sauce 85
Stege 85
brandy sauce 85
Veranda Veranda Steg 88
Braiseret svinekam med tomatillo 91
Abrikosfyldt svinemørbrad 93
Urteskorpet svinemørbrad med sprød hvidløgsolie 95
Indisk krydret svinekød med kokossauce 97
Svinekød scaloppini med æbler og krydrede kastanjer 98
Sauteret svinekød Fajitas 101
Svinemørbrad med portvin og svesker 103
Moo Shu Style svinekød kopper på salat med hurtige syltede grøntsager 105
syltede grøntsager 105
Svin 105
Svinekoteletter med macadamias, salvie, figner og sød kartoffelpuré 107
Panderistede rosmarin lavendel svinekoteletter med druer og ristede valnødder
.... 109
Svinekoteletter alla Fiorentina med ristet broccoli Rabe 111
Escarole fyldte svinekoteletter 114
Røget babyribs med æble-sennep mopasauce 118

Ribben 118

Dip 118

Bagt BBQ svinekød ribben med frisk ananas salat salat 121

krydret svinegryderet 123

Gulasch 123

Kål 123

Italiensk Pølse Frikadelle Marinara Med Fennikelskiver Og Sauteret Løg 125

dumplings 125

Marinara 126

Zucchinibåde fyldt med svinekød med basilikum og pinjekerner 128

Karried svinekød ananas nudleskåle med kokosmælk og urter 130

Krydrede grillede flæskebrød med krydret agurkesalat 133

Zucchini Crust Pizza med soltørret tomatpesto, sød peber og italiensk pølse 135

Røget lammelår med citron og koriander med grillede asparges 138

Lam Hot Pot 141

Braiseret lam med selleri nudler 144

Lammekoteletter med krydret granatæblesauce og dadler 146

Chutney 146

Lammekoteletter 146

Chimichurri lammekoteletter med sauteret radicchiokål 148

Ancho og salvie Smør lammekoteletter med gulerods- og sødkartoffelremoulade
.... 150

Lammeburgere fyldt fra haven med rød pebercoulis 152

rød peber coulis 152

burgere 152

Lammespyd med dobbelt oregano og tzatziki sauce 156

lammespyd 156

tzatziki sauce 156

Stegt kylling med safran og citron 158

Spatchcocked kylling med Jicama salat 160

Kylling 160

Kålsalat 160

Stegt kyllingebagpart med vodka, gulerødder og tomatsauce 163

Poulet Rôti og Rutabaga Frites 165

Coq au Vin med tre svampe med puré af rutabagas og purløg 167

Brandy-fersken glaserede trommestikker 170
Peach Brandy glasur 170
Chilemarineret kylling med mango og melonsalat 172
Kylling 172
Salat 173
Kyllingelår i Tandoori-stil med agurk-raita 175
Kylling 175
Agurk Raita 175
Braiseret kyllingekarry med rodfrugter, asparges og grøn æblemynte 178
Grillet kylling Paillard salat med hindbær, rødbeder og ristede mandler 180
Broccoli fyldte kyllingebryst med frisk tomatsauce og Cæsarsalat 183
Grillet kylling shawarma wraps med krydrede grøntsager og pinjenøddedressing
.... 186
Bagt kyllingebryst med svampe, hvidløg moset blomkål og ristede asparges 188
Kyllingesuppe i thailandsk stil 190
Grillet citron- og salviekylling med Escarole 192
Kylling med purløg, brøndkarse og radiser 195
Kylling Tikka Masala 197
Ras el Hanout kyllingelår 200
Kyllingelår i carambola marinade på braiseret spinat 203
Poblano Kål og Kylling Tacos med Chipotle Mayonnaise 205
Kyllingegryderet med babygulerødder og Bok Choy 207
Kyllingebrød med cashewnødder og appelsin og sød peber på salatwraps 209
Vietnamesisk kylling med kokos og citrongræs 211
Grillet kylling og æble Escarole salat 214
Toscansk kyllingesuppe med grønkålsbånd 216

STEG ASIATISK OKSEKØD OG GRØNTSAGER

LEKTIER:30 minutters kogning: 15 minutters udbytte: 4 portioner

FIVE SPICE POWDER ER EN SALTFRI BLANDING AF KRYDDERIER.MEGET BRUGT I KINESISK MADLAVNING. DEN BESTÅR AF LIGE DELE MALET KANEL, NELLIKER, FENNIKELFRØ, STJERNEANIS OG SZECHWAN PEBERKORN.

- 1½ pund udbenet oksemørbrad eller udbenet rund bøf, skåret 1 tomme tykt
- 1½ teskefulde fem krydderier pulver
- 3 spsk raffineret kokosolie
- 1 lille rødløg, skåret i tynde skiver
- 1 lille bundt asparges (ca. 12 ounce), trimmet og skåret i 3-tommers stykker
- 1½ kopper julienerede orange og/eller gule gulerødder
- 4 fed hvidløg, hakket
- 1 tsk fintrevet appelsinskal
- ¼ kop frisk appelsinjuice
- ¼ kop oksebensbouillon (se opskrift) eller oksebouillon uden salt
- ¼ kop hvidvinseddike
- ¼ til ½ tsk stødt rød peber
- 8 kopper strimlet napakål
- ½ kop usaltede mandler i skiver eller grofthakkede usaltede cashewnødder, ristede (se tip på side 57)

1. Hvis det ønskes, frys kødet delvist ned for lettere at skære (ca. 20 minutter). Skær kødet i meget tynde skiver. I en stor skål blandes oksekødet og pulveret med fem krydderier. I en stor wok eller ekstra stor stegepande, opvarm 1 spiseskefuld af kokosolie over medium-høj varme. Tilsæt halvdelen af kødet; kog og rør i 3 til 5 minutter, eller indtil de er brune. Overfør kødet til en skål. Gentag med det resterende kød og en anden spiseskefuld olie. Overfør kødet til skålen med det andet kogte kød.

2. Tilsæt den resterende 1 spsk olie i samme wok. Tilføj løg; kog og rør i 3 minutter. Tilføj asparges og gulerødder; kog og rør i 2 til 3 minutter, eller indtil grøntsagerne er sprøde og møre. Tilsæt hvidløg; kog og rør 1 minut mere.

3. Til saucen kombineres appelsinskal, appelsinjuice, oksebensbouillon, eddike og knust rød peber i en lille skål. Tilsæt saucen og alt kødet med saft i en skål til grøntsagerne i wokken. Kog og rør i 1 til 2 minutter, eller indtil det er opvarmet. Brug en hulske til at overføre oksekødsgrøntsagerne til en stor skål. Dæk til for at holde varmen.

4. Kog saucen uden låg ved middel varme i 2 minutter. Tilsæt kål; kog og rør i 1 til 2 minutter, eller indtil kålen er mør. Fordel kål og madlavningssaft mellem fire serveringsplader. Top jævnt med kødblanding. Drys med nødder.

CEDERPLANKEBØFFER MED ASIATISK SMØREPÅLÆG OG COLESLAW

FORDYBE:1 times tilberedning: 40 minutter på grillen: 13 minutters hvile: 10 minutter giver: 4 portioner.

NAPA-KÅL KALDES UNDERTIDEN KINAKÅL.DEN HAR SMUKKE RYNKEDE CREMEFARVEDE BLADE MED LYSE GULGRØNNE SPIDSER. DEN HAR EN DELIKAT, MILD SMAG OG TEKSTUR, HELT I MODSÆTNING TIL DE VOKSAGTIGE BLADE AF RUNDKÅL, OG, IKKE OVERRASKENDE, EN NATURLIG I RETTER I ASIATISK STIL.

1 stor cedertræ planke

¼ ounce tørrede shiitakesvampe

¼ kop valnøddeolie

2 tsk hakket frisk ingefær

2 tsk stødt rød peber

1 tsk knuste Szechwan peberkorn

¼ tsk fem-krydderi pulver

4 fed hvidløg, hakket

4 4- til 5-ounce oksemørbradbøffer, skåret ¾ til 1 tomme tykke

Asiatisk kål (se opskrift, nedenfor)

1. Placer grillbrættet i vand; tabe sig og lægges i blød i mindst 1 time.

2. I mellemtiden, til Asian Spread, i en lille skål, hæld kogende vand over tørrede shiitakesvampe; lad sidde i 20 minutter for at rehydrere. Dræn

svampene og kom dem i en foodprocessor. Tilsæt valnøddeolie, ingefær, knust rød peber, Sichuan-peberkorn, femkrydderipulver og hvidløg. Dæk og bearbejd indtil champignon er hakket og ingredienserne er kombineret; sæt til side.

3. Dræn grillen fra grillen. Til en kulgrill skal du placere kul på medium varme rundt om grillens omkreds. Læg brættet på grillen direkte over kullene. Dæk til og grill i 3 til 5 minutter, eller indtil stegepladen begynder at krakelere og ryge. Læg bøffer på grillen direkte over kullene; grill i 3 til 4 minutter eller indtil forkullet. Overfør bøfferne til bord med de svitsede sider opad. Placer brættet i midten af grillen. Fordel den asiatiske sauce mellem bøfferne. Dæk til og grill i 10 til 12 minutter, eller indtil et termometer med øjeblikkelig aflæsning indsat vandret i bøffer viser 130 ° F. (For en gasgrill, forvarm grillen. Reducer varmen til medium. Placer drænet bræt på stativet; dæk til og grill i 3 til 5 minutter, eller indtil brættet begynder at krakelere og ryge. Placer fileterne på grillen i 3 til 4 minutter, eller indtil Overfør fileterne til brættet med de svitsede sider opad. Sæt stativ til indirekte madlavning; læg brættet med bøfferne på det slukkede blus. Fordel smørret mellem bøfferne. Dæk til og grill i 10 til 12 minutter, eller indtil et termometer, der er sat vandret i bøfferne, viser 130°F.) Sæt stativ til indirekte madlavning; læg brættet med bøfferne på det slukkede blus. Fordel smørret mellem bøfferne. Dæk til og grill i 10 til 12 minutter, eller indtil et termometer, der er sat

vandret i bøfferne, viser 130°F.) Sæt stativ til indirekte madlavning; læg brættet med bøfferne på det slukkede blus. Fordel smørret mellem bøfferne. Dæk til og grill i 10 til 12 minutter, eller indtil et termometer, der er sat vandret i bøfferne, viser 130°F.)

4. Fjern bøffer fra grillen. Dæk bøffer løst med aluminiumsfolie; lad det hvile i 10 minutter. Skær bøfferne i ¼ tomme tykke skiver. Server bøf over asiatisk salat.

Asiatisk salat: I en stor skål kombineres 1 napakål med mellemstor hoved, i tynde skiver; 1 kop fintrevet rødkål; 2 gulerødder, skrællet og skåret i julien; 1 rød eller gul peberfrugt, frøet og skåret meget tynde; 4 purløg, fint skåret på skævheden; 1 til 2 serrano chili, frøet og hakket (se_vippe_); 2 spiseskefulde hakket koriander; og 2 spsk hakket mynte. Til pynt kombineres 3 spsk frisk citronsaft, 1 spsk revet frisk ingefær, 1 hakket hvidløgsfed og ⅛ tsk pulver med fem krydderier i en foodprocessor eller blender. Dæk og bearbejd indtil glat. Mens processoren kører, tilsæt gradvist ½ kop valnøddeolie og bearbejd indtil glat. Tilsæt 1 forårsløg, skåret i tynde skiver, til dressingen. Dryp over salaten og vend til pels.

PANDESTEGTE TRI-TIP STEAKS MED BLOMKÅL PEPERONATA

LEKTIER: 25 minutters kogning: 25 minutters udbytte: 2 portioner

PEPERONATA ER TRADITIONELT EN LANGSOMT-RISTET RAGU. AF SØD PEBER MED LØG, HVIDLØG OG KRYDDERURTER. DENNE HURTIGE STIR-FRY-VERSION ER MERE HJERTELIG MED BLOMKÅL OG FUNGERER SOM BÅDE TILBEHØR OG PYNT.

- 2 4- til 6-ounce tri-tip bøffer, skåret ¾ til 1 tomme tykke
- ¾ tsk sort peber
- 2 spsk ekstra jomfru olivenolie
- 2 røde og/eller gule peberfrugter, frøet og skåret i skiver
- 1 skalotteløg, skåret i tynde skiver
- 1 tsk middelhavskrydderier (se opskrift)
- 2 kopper små blomkålsbuketter
- 2 spsk balsamicoeddike
- 2 tsk revet frisk timian

1. Tør bøffer med køkkenrulle. Drys fileter med ¼ tsk sort peber. I en stor stegepande opvarmes 1 spsk af olien over medium-høj varme. Tilføj fileter til stegepande; reducere varmen til medium. Steg bøfferne i 6 til 9 minutter ved middel varme (145°F), og vend dem af og til. (Hvis kødet bruner for hurtigt, skru ned for varmen.) Fjern fileterne fra

stegepanden; dæk løst med aluminiumsfolie for at holde varmen.

2. Til peperonataen tilsættes den resterende 1 spsk olie til stegepanden. Tilsæt sød peber og skalotteløg. Drys med middelhavskrydderier. Kog over medium varme i cirka 5 minutter, eller indtil peberfrugterne er bløde, omrør af og til. Tilsæt blomkål, balsamicoeddike, timian og den resterende ½ tsk sort peber. Dæk til og kog i 10 til 15 minutter, eller indtil blomkål er mørt, rør af og til. Kom fileterne tilbage i gryden. Hæld pepperonatablandingen over fileterne. Server straks.

GRILLEDE STEAKS AU POIVRE MED DIJON-SVAMPESAUCE

LEKTIER:15 minutters kogning: 20 minutters udbytte: 4 portioner

DENNE FRANSK-INSPIREREDE BØF MED SVAMPESAUCEDET KAN VÆRE PÅ BORDET PÅ LIDT OVER 30 MINUTTER, HVILKET GØR DET TIL ET GODT VALG TIL ET HURTIGT AFTENSMÅLTID.

BØFFER
   3 spiseskefulde ekstra jomfru olivenolie
   1 pund små asparges, trimmet
   4 6-ounce stegebøffer (udbenet oksekødsskulderblad)*
   2 spsk frisk rosmarin skåret i strimler
   1½ tsk kværnet sort peber

DIP
   8 ounce skiver friske svampe
   2 hakkede fed hvidløg
   ½ kop oksebensbouillon (se opskrift)
   ¼ kop tør hvidvin
   1 spsk Dijon-stil sennep (se opskrift)

   1. I en stor stegepande opvarmes 1 spsk af olien over medium-høj varme. Tilføj asparges; kog 8 til 10 minutter, eller indtil de er sprøde, vend stilkene af og til, så de ikke brænder på. Overfør asparges til en tallerken; Dæk med aluminiumsfolie for at holde varmen.

2. Drys fileter med rosmarin og peber; gnide med fingrene. I samme stegepande opvarmes de resterende 2 spsk olie over medium-høj varme. Tilføj fileter; reducere varmen til medium. Kog 8 til 12 minutter over medium varme (145°F), vend kødet af og til. (Hvis kødet bruner for hurtigt, skru ned for varmen.) Fjern kødet fra panden, behold fedt. Dæk fileterne løst med aluminiumsfolie for at holde dem varme.

3. Til saucen tilsættes svampe og hvidløg til fedtet i gryden; kog indtil de er møre, rør af og til. Tilsæt bouillon, vin og sennep i Dijon-stil. Kog over medium varme, og skrab eventuelle brunede stykker op i bunden af gryden. Bring i kog; kog 1 minut mere.

4. Fordel aspargesene mellem fire middagstallerkener. Top med fileter; hæld sauce over fileterne.

*Bemærk: Hvis du ikke kan finde 6-ounce fladjernsbøffer, skal du købe to 8- til 12-ounce bøffer og skære dem i to for at lave fire bøffer.

GRILLEDE BØFFER MED SALSA SALSA OG CHIPOTLE KARAMELISEREDE LØG

LEKTIER:30 minutter Marinering: 2 timer Bagning: 20 minutter Afkøling: 20 minutter Grill: 45 minutter Udbytte: 4 portioner

GRILLET BØF ER RELATIVT NYT.CUT UDVIKLET FOR BLOT ET PAR ÅR SIDEN. SKÅRET FRA DEN SMAGFULDE DEL AF PATRONEN NÆR SKULDERBLADET, ER DEN OVERRASKENDE MØR OG SMAGER MEGET DYRERE, END DEN ER, HVILKET SANDSYNLIGVIS FORKLARER DENS HURTIGE STIGNING I POPULARITET.

BØFFER
- ⅓ kop frisk limesaft
- ¼ kop ekstra jomfru olivenolie
- ¼ kop grofthakket koriander
- 5 hakkede fed hvidløg
- 4 6-ounce stegebøffer (udbenet oksekødsskulderblad)

SAUCE SALAT
- 1 (engelsk) agurk med kerner (skrællet om ønsket), skåret i tern
- 1 kop kvarte druetomater
- ½ kop hakket rødløg
- ½ kop grofthakket koriander
- 1 poblano chili, frøet og skåret i tern (se_vippe_)
- 1 jalapeno, frøet og hakket (se_vippe_)

3 spsk frisk citronsaft

2 spsk ekstra jomfru olivenolie

KARAMELLISEREDE LØG

2 spsk ekstra jomfru olivenolie

2 store søde løg (såsom Maui, Vidalia, Texas Sweet eller Walla Walla)

½ tsk malet chipotle chile

1. For bøffer, læg bøffer i en genlukkelig plastikpose på en lav plade; sæt til side. I en lille skål kombineres citronsaft, olie, koriander og hvidløg; hæld over fileter i pose. Forsegl posen; vende sig til at ramme Lad marinere i køleskabet i 2 timer.

2. Til salaten skal du kombinere agurk, tomater, løg, koriander, poblano og jalapeno i en stor skål. Bland for at matche. Til dressingen blandes citronsaft og olivenolie i en lille skål. Dryp dressing over grøntsager; rør til belægning. Dæk til og stil på køl indtil serveringstid.

3. For løgene, forvarm ovnen til 400 ° F. Pensl indersiden af en hollandsk ovn med lidt olivenolie; sæt til side. Skær løgene i halve på langs, fjern skindet, og skær derefter ¼ tomme tykke på tværs. I den hollandske ovn kombineres den resterende olivenolie, løg og chipotlepeber. Dæk til og bag i 20 minutter. Afdæk og lad afkøle i cirka 20 minutter.

4. Kom de afkølede løg over i en folie-stegepose eller pak løgene ind i dobbelt tykt folie. Prik toppen af folien flere steder med et spyd.

5. Til en kulgrill skal du placere kul på medium varme rundt om grillens omkreds. Prøv medium varme over midten af grillen. Læg pakken i midten af grillen. Dæk til og grill i cirka 45 minutter, eller indtil løgene er bløde og ravfarvede. (For en gasgrill, forvarm grillen. Reducer varmen til medium. Indstil til indirekte tilberedning. Læg pakken på brænderen, der er slukket. Dæk til og grill som anvist.)

6. Fjern fileter fra marinade; kassér marinaden. Til en kul- eller gasgrill placeres bøffer på grillen direkte over medium-høj varme. Dæk til og grill i 8 til 10 minutter, eller indtil et termometer med øjeblikkelig aflæsning, der er indsat vandret i bøffer, viser 135 ° F, drejes én gang. Overfør fileterne til et fad, dæk dem løst med aluminiumsfolie og lad dem hvile i 10 minutter.

7. For at servere skal du fordele salatdressingen mellem fire serveringsplader. Læg en bøf på hver tallerken og top med masser af karamelliserede løg. Server straks.

Gør i forvejen Vejledning: Salat Salat kan laves og nedkøles op til 4 timer før servering.

GRILLEDE RIBEYES MED URTELØG OG HVIDLØG "SMØR"

LEKTIER:10 minutters tilberedning: 12 minutters afkøling: 30 minutters grillning: 11 minutters tilberedning: 4 portioner

VARMEN FRA NYGRILLEDE BØFFER SMELTER VÆKDYNGER AF KARAMELLISEREDE LØG, HVIDLØG OG KRYDDERURTER SUSPENDERET I EN RIGT AROMATISERET BLANDING AF KOKOSOLIE OG OLIVENOLIE.

2 spsk uraffineret kokosolie

1 lille løg, halveret og skåret i meget tynde skiver (ca. ¾ kop)

1 fed hvidløg, skåret meget tynde

2 spsk ekstra jomfru olivenolie

1 spsk frisk persille skåret i strimler

2 tsk frisk timian, rosmarin og/eller oregano, skåret i strimler

4 8- til 10-ounce ribeye-steaks, skåret 1-tommer tykt

½ tsk friskkværnet sort peber

1. Smelt kokosolien ved svag varme i en mellemstor stegepande. Tilføj løg; kog 10 til 15 minutter eller indtil let brunet, omrør lejlighedsvis. Tilsæt hvidløg; kog 2 til 3 minutter mere, eller indtil løget er gyldenbrunt, omrør af og til.

2. Overfør løgblandingen til en lille skål. Tilsæt olivenolie, persille og timian. Stil den på køl, utildækket, i 30 minutter, eller indtil blandingen er

fast nok til at danne en høj, når den fjernes, under omrøring af og til.

3. Drys imens fileter med peber. Til en kul- eller gasgrill placeres bøffer på grillen direkte over medium varme. Dæk til og grill i 11 til 15 minutter for medium sjælden (145°F) eller 14 til 18 minutter for medium (160°F), vend én gang halvvejs gennem grillen.

4. Til servering lægges hver filet på et serveringsfad. Hæld straks løgblandingen jævnt over fileterne.

RIBEYE SALAT MED GRILLEDE RØDBEDER

LEKTIER:20 minutter grill: 55 minutter hvile: 5 minutter udbytte: 4 portioner

DEN JORDISKE SMAG AF RØDBEDER BLANDER SIG SMUKTMED SØDMEN FRA APPELSINER OG RISTEDE VALNØDDER TILFØJ EN CRUNCH TIL DENNE HOVEDRETSSALAT, DER ER PERFEKT TIL AT SPISE UDENDØRS PÅ EN VARM SOMMERNAT.

1 pund mellemstore gyldne og/eller rødbeder, vasket, trimmet og skåret i tern

1 lille løg, skåret i tynde skiver

2 kviste frisk timian

1 spsk ekstra jomfru olivenolie

kværnet sort peber

2 8-ounce udbenede ribeye-bøffer, skåret ¾-tommer tykke

2 fed hvidløg, skåret i halve

2 spiseskefulde middelhavskrydderier (se opskrift)

6 kopper blandet salat

2 appelsiner, skrællet, skåret i skiver og groft hakket

½ kop hakkede valnødder, ristede (se vippe)

½ kop lys citrusvinaigrette (se opskrift)

1. Anret rødbede-, løg- og timiankvistene på en foliebakke. Dryp med olie og vend for at kombinere; drys let med kværnet sort peber. Til en kul- eller gasgrill placeres panden i midten af grillen. Dæk til og grill i 55 til 60 minutter eller indtil de er møre,

når de er gennemboret med en kniv, under omrøring af og til.

2. Gnid imens begge sider af fileterne med de afskårne sider af hvidløget; drys med middelhavskrydderier.

3. Flyt rødbederne fra midten af grillen for at gøre plads til bøfferne. Tilføj bøffer til grill direkte over medium varme. Dæk til og grill i 11 til 15 minutter for medium sjælden (145°F) eller 14 til 18 minutter for medium (160°F), vend én gang halvvejs gennem grillen. Fjern foliebakke og bøffer fra grillen. Lad fileterne hvile i 5 minutter. Kassér timiankvistene fra foliebakken.

4. Skær bøffen i tynde skiver diagonalt i mundrette stykker. Fordel grøntsagerne på fire serveringsfade. Top med skåret bøf, rødbeder, løgskiver, hakkede appelsiner og valnødder. Dryp med lys citrusvinaigrette.

SHORT RIBS I KOREANSK STIL MED STEGT INGEFÆRKÅL

LEKTIER:50 minutters tilberedning: 25 minutters bagning: 10 timers afkøling: natten over Udbytte: 4 portioner

SØRG FOR LÅGET PÅ DIN HOLLANDSKE OVNDEN PASSER MEGET GODT, SÅ I DEN MEGET LANGE KOGETID FORDAMPER KOGEVÆSKEN IKKE GENNEM ET MELLEMRUM MELLEM LÅGET OG GRYDEN.

- 1 ounce tørrede shiitakesvampe
- 1½ dl skåret purløg
- 1 asiatisk pære, skrællet, udkernet og hakket
- 1 3-tommer stykke frisk ingefær, skrællet og hakket
- 1 serrano chili, finthakket (frøet hvis det ønskes) (se vippe)
- 5 fed hvidløg
- 1 spsk raffineret kokosolie
- 5 pund udbenede okseribben
- friskkværnet sort peber
- 4 kopper oksebensbouillon (se opskrift) eller oksebouillon uden salt
- 2 kopper skåret friske shiitake-svampe
- 1 spsk fintrevet appelsinskal
- ⅓ kop frisk juice
- Sauteret ingefærkål (se opskrift, nedenfor)
- fintrevet appelsinskal (valgfrit)

1. Forvarm ovnen til 325 ° F. Placer tørrede shiitake-svampe i en lille skål; tilsæt nok kogende vand til at

dække. Lad sidde i cirka 30 minutter, eller indtil den er rehydreret og glat. Dræn, behold iblødsætningsvæsken. Hak svampene fint. Placer svampe i en lille skål; dæk til og stil på køl, indtil det skal bruges i trin 4. Sæt svampe og væske til side.

2. Til saucen, i en foodprocessor, kombinere spidskål, asiatisk pære, ingefær, serrano, hvidløg og reserveret svampeudblødningsvæske. Dæk og bearbejd indtil glat. Stil saucen til side.

3. I en 6-liters gryde varmes kokosolien op over medium-høj varme. Drys ribbenene med friskkværnet sort peber. Kog ribbenene, i partier, i varm kokosolie i cirka 10 minutter, eller indtil de er godt brunede på alle sider, og vend dem halvvejs gennem tilberedningen. Sæt alle ribben tilbage i gryden; tilsæt sauce og oksebouillon. Dæk den hollandske ovn med et lufttæt låg. Bag cirka 10 timer eller indtil kødet er meget mørt og falder af knoglerne.

4. Fjern forsigtigt ribbenene fra saucen. Læg ribben og sauce i separate beholdere. Dæk til og stil på køl natten over. Når den er afkølet, skummes alt fedt af overfladen af saucen og kasseres. Bring saucen i kog over høj varme; tilsæt de hydrerede svampe fra trin 1 og de friske svampe. Lad det simre forsigtigt i 10 minutter for at reducere saucen og intensivere smagene. Returner ribben til sauce; lad det simre til det er gennemvarmet. Tilsæt 1 spsk appelsinskal og

appelsinsaften. Server med rørt ingefærkål. Hvis det ønskes, drys med yderligere appelsinskal.

Sauteret ingefærkål: Varm 1 spsk af den raffinerede kokosolie op i en stor stegepande over medium-høj varme. Tilsæt 2 spsk hakket frisk ingefær; 2 hakkede fed hvidløg; og knust rød peber efter smag. Kog og rør, indtil dufter, cirka 30 sekunder. Tilsæt 6 kopper strimlet napa, grønkål eller grønkål og 1 asiatisk pære, skrællet, udkernet og skåret i tynde skiver. Kog og rør i 3 minutter, eller indtil kålen visner lidt og pæren er blød. Tilsæt ½ kop usødet æblejuice. Dæk til og kog i cirka 2 minutter, indtil kålen er mør. Tilsæt ½ kop skåret spidskål og 1 spsk sesamfrø.

BABY RIBBEN MED CITRUS OG FENNIKEL GREMOLATA

LEKTIER:40 minutters grill: 8 minutter langsom tilberedning: 9 timer (lav) eller 4½ time (høj) Udbytte: 4 portioner

GREMOLATA ER EN VELSMAGENDE BLANDINGAF PERSILLE, HVIDLØG OG CITRONSKAL, DER DRYSSES OVER OSSO BUCCO, DEN KLASSISKE ITALIENSKE RET MED BRAISEREDE KALVEBEN, FOR AT LYSNE DENS RIGE OG CREMEDE SMAG. MED TILFØJELSEN AF APPELSINSKAL OG FRISKE FJERAGTIGE FENNIKELBLADE GØR DEN DET SAMME FOR DISSE MØRE OKSEKØDSRIBBEN.

RIBBEN
- 2½ til 3 pund udbenede oksekødsribben
- 3 spsk citronurtekrydderi (se opskrift)
- 1 mellemstor fennikelløg
- 1 stort løg, skåret i store tern
- 2 kopper oksebensbouillon (se opskrift) eller oksebouillon uden salt
- 2 fed hvidløg, skåret i halve

RISTET GRÆSKAR
- 3 spiseskefulde ekstra jomfru olivenolie
- 1 pund græskar, skrællet, frøet og skåret i ½-tommers stykker (ca. 2 kopper)
- 4 tsk revet frisk timian
- Ekstra jomfru oliven olie

GREMOLATA

¼ kop revet frisk persille

2 spsk hakket hvidløg

1½ tsk fintrevet citronskal

1½ tsk fintrevet appelsinskal

1. Drys ribben med citronkrydder; gnid let kød med fingrene; sæt til side. Fjern bladene fra fennikelen; reserve til Citrus og Fennikel Gremolata. Trim og kvart fennikelløget.

2. Til en kulgrill placeres kul over medium varme på den ene side af grillen. Prøv medium varme over siden af den ikke-kulgrill. Placer ribbenene på grillstativet uden kul på siden; læg fennikelkvarte og løgskiver på risten direkte over kullene. Dæk til og grill i 8 til 10 minutter, eller indtil grøntsager og ribben er gyldenbrune, vend en gang halvvejs gennem grillen. (For en gasgrill, forvarm grillen, reducer varmen til medium. Indstil til indirekte tilberedning. Placer ribben på grillen over slukket brænder; placer fennikel og løg på grillen over tændt brænder. Dæk til og steg grillet som anvist.) Når køligt nok til at håndtere ,

3. Kombiner den hakkede fennikel og løg, oksebensbouillon og hvidløg i en 5 til 6 liter langsom komfur. Tilsæt ribbenene. Dæk til og kog ved lav varme i 9 til 10 timer eller 4½ til 5 timer ved høj varme. Brug en hulske til at overføre ribben til en tallerken; Dæk med aluminiumsfolie for at holde varmen.

4. I mellemtiden, til squashen, i en stor stegepande, opvarm de 3 spsk af olien over medium-høj varme. Tilsæt græskar og 3 teskefulde timian, rør rundt for at dække græskarret. Anret squashen i et enkelt lag i en stegepande og kog uden omrøring i cirka 3 minutter, eller indtil de er brune på undersiden. Vend græskarstykkerne; kog ca. 3 minutter mere, eller indtil den anden side er brunet. Reducer varmen til lav; dække og kog 10 til 15 minutter eller indtil de er møre. Drys med resterende teskefuld frisk timian; dryp med ekstra jomfru olivenolie.

5. Til gremolataen skal du hakke nok reserverede fennikelblade fint til at lave ¼ kop. I en lille skål blandes de hakkede fennikelblade, persille, hvidløg, citronskal og appelsinskal sammen.

6. Drys gremolata over ribbenene. Server med græskar.

OKSEKØDSTÆRTER I SVENSK STIL MED DILD-SENNEP AGURKSALAT

LEKTIER: 30 minutters kogning: 15 minutters udbytte: 4 portioner

BEEF À LA LINDSTROM ER EN SVENSK HAMBURGERTRADITIONELT BESAT MED SYLTEDE LØG, KAPERS OG RØDBEDER, SERVERET MED SAUCE OG INGEN BOLLE. DENNE ALLEHÅNDE-INFUNDEREDE VERSION ERSTATTER RISTEDE RØDBEDER MED SALTFYLDTE SYLTEDE RØDBEDER OG KAPERS OG ER TOPPET MED ET SPEJLÆG.

AGURKESALAT
- 2 teskefulde naturlig appelsinjuice
- 2 teskefulde hvidvinseddike
- 1 tsk Dijon-stil sennep (se opskrift)
- 1 spsk ekstra jomfru olivenolie
- 1 stor kernefri (engelsk) agurk, skrællet og skåret i skiver
- 2 spsk skåret purløg
- 1 spsk hakket frisk dild

KØD EMPANADAS
- 1 pund hakket oksekød
- ¼ kop finthakket løg
- 1 spsk Dijon-stil sennep (se opskrift)
- ¾ tsk sort peber

½ tsk stødt allehånde

½ lille rødbede, ristet, skrællet og finthakket *

2 spsk ekstra jomfru olivenolie

½ kop oksebensbouillon (se opskrift) eller oksebouillon uden salt

4 store æg

1 spsk finthakket purløg

1. Til agurkesalaten kombineres appelsinjuice, eddike og dijonsennep i en stor skål. Tilsæt langsomt olivenolien i en tynd stråle, og pisk indtil dressingen tykner lidt. Tilsæt agurk, purløg og dild; rør indtil kombineret. Dæk til og stil på køl indtil serveringstid.

2. Til oksekødsfrikadellerne kombineres i en stor skål hakket oksekød, løg, sennep i Dijon-stil, cayennepeber og allehånde. Tilsæt de ristede rødbeder og bland forsigtigt, indtil det er ensartet indarbejdet i kødet. Form blandingen til fire ½ tomme tykke bøffer.

3. I en stor stegepande opvarmes 1 spsk af olivenolien over medium-høj varme. Steg burgerne i cirka 8 minutter eller indtil de er brune på ydersiden og gennemstegte (160°), og vend dem én gang. Overfør burgere til en tallerken og dæk løst med folie for at holde dem varme. Tilsæt oksebensbouillonen under omrøring for at skrabe eventuelle brunede stykker op fra bunden af gryden. Kog ca. 4 minutter eller indtil reduceret til det halve. Drys burgere med reduceret pandesaft og dæk løst igen.

4. Skyl og tør panden af med køkkenrulle. Opvarm de resterende 1 spsk olivenolie over medium varme. Steg æggene i varm olie i 3 til 4 minutter, eller indtil hviderne er sat, men blommerne forbliver bløde og flydende.

5. Læg et æg i hver kødbøf. Drys med purløg og server med agurkesalat.

*Tip: For at stege rødbeder skal du skrubbe godt og lægge på et stykke alufolie. Dryp med lidt olivenolie. Pak ind i aluminiumsfolie og forsegl hermetisk. Steg i en 375°F ovn i cirka 30 minutter, eller indtil rødbederne let kan gennembores af en gaffel. Lad afkøle; glide af huden. (Roder kan ristes op til 3 dage frem. Pak skrællede ristede rødbeder godt ind og opbevar i køleskabet.)

RUCOLASTEGTE OKSEBURGERE MED RISTEDE RODFRUGTER

LEKTIER:40 minutters stegning: 35 minutters stegning: 20 minutters udbytte: 4 portioner

DER ER MANGE ELEMENTERTIL DISSE SOLIDE BURGERE, OG DE TAGER LIDT TID AT SAMMENSÆTTE, MEN DEN UTROLIGE KOMBINATION AF SMAG GØR DET BESVÆRET VÆRD: EN KØDFULD BURGER TOPPES MED KARAMELLISERET LØG- OG SVAMPESAUCE OG SERVERES MED SØDE GRILLEDE GRØNTSAGER OG RUCOLAPEBER.

5 spiseskefulde ekstra jomfru olivenolie

2 kopper skåret friske svampe, cremini og/eller shiitake

3 gule løg, skåret i tynde skiver*

2 tsk kommenfrø

3 gulerødder, skrællet og skåret i 1-tommers stykker

2 pastinakker, skrællet og skåret i 1-tommers stykker

1 agern squash, halveret, frøet og skåret i tern

friskkværnet sort peber

2 pund hakket oksekød

½ kop finthakket løg

1 spsk saltfri universal krydderblanding

2 kopper oksebensbouillon (se opskrift) eller oksebouillon uden salt

¼ kop usødet æblejuice

1 til 2 spsk hvidvinseddike eller tør sherry

1 spsk Dijon-stil sennep (se<u>opskrift</u>)
1 spsk revet friske timianblade
1 spsk frisk persille skåret i strimler
8 kopper rucola blade

1. Forvarm ovnen til 425 ° F. Til saucen opvarmes 1 spsk olivenolie over medium-høj varme i en stor stegepande. Tilføj svampe; kog og rør rundt i cirka 8 minutter, eller indtil de er godt brune og møre. Brug en hulske til at overføre svampe til en tallerken. Sæt stegepanden tilbage til varmen; reducere varmen til medium. Tilsæt den resterende 1 spsk olivenolie, snittede løg og kommenfrø. Dæk til og steg i 20 til 25 minutter, eller indtil løgene er meget bløde og rigt brunede, rør af og til. (Juster varmen efter behov for at forhindre løg i at brænde.)

2. I mellemtiden, til de ristede rodfrugter, arrangerer gulerødder, pastinakker og squash på en stor bageplade. Dryp med 2 spsk olivenolie og drys med peber efter smag; rør for at dække grøntsager. Steg i 20 til 25 minutter, eller indtil de er møre og lige begyndt at brune, vend en gang midtstegningen. Hold grøntsagerne varme indtil de skal serveres.

3. Til burgere, kombinere hakkebøf, finthakket løg og krydderiblanding i en stor skål. Del kødblandingen i fire lige store portioner og form dem til bøffer ca. ¾ tommer tykke. I en ekstra stor stegepande opvarmes den resterende spiseskefuld olivenolie over medium-høj varme. Tilføj burgere til

stegepanden; kog ca. 8 minutter eller indtil forkullet på begge sider, vend én gang. Overfør burgere til en tallerken.

4. Tilsæt karamelliserede løg, reserverede svampe, oksebensbouillon, æblejuice, sherry og Dijon-lignende sennep til stegepanden, under omrøring for at kombinere. Kom burgere tilbage i stegepanden. Bring det i kog. Kog indtil burgerne er færdige (160°F), cirka 7 til 8 minutter. Tilsæt frisk timian, persille og peber efter smag.

5. For at servere skal du placere 2 kopper rucola på hver af fire serveringsfade. Fordel de ristede grøntsager mellem salaterne, og top derefter med burgere. Hæld løgblandingen generøst over burgerne.

*Tip: En mandolinskærer er en stor hjælp til at skære løg i tynde skiver.

GRILLET OKSEKØD BURGERE MED SESAM CRUSTED TOMATER

LEKTIER:30 minutter hvile: 20 minutter grill: 10 minutter udbytte: 4 portioner

SPRØDE OG GYLDNE TOMATSKIVER MED SESAMSKORPEERSTAT DEN TRADITIONELLE SESAMFRØBOLLE I DISSE SMOKEY BURGERE. SERVER DEM MED KNIV OG GAFFEL.

4 ½ tomme tykke skiver rød eller grøn tomat*

1 ¼ pund magert hakkekød

1 spsk røget krydderi (se opskrift)

1 stort æg

¾ kop mandelmel

¼ kop sesamfrø

¼ tsk sort peber

1 lille rødløg, halveret og skåret i skiver

1 spsk ekstra jomfru olivenolie

¼ kop raffineret kokosolie

1 lille hoved bibb salat

Paleo Ketchup (se opskrift)

Dijon-stil sennep (se opskrift)

1. Læg tomatskiverne på et dobbelt lag køkkenrulle. Dæk tomaterne med endnu et dobbelt lag køkkenrulle. Tryk let på papirhåndklæderne, så de klistrer til tomaterne. Lad stå ved stuetemperatur i

20 til 30 minutter for at absorbere noget af tomatsaften.

2. I mellemtiden kombinerer du hakket oksekød og røgkrydderi i en stor skål. Form til fire ½ tomme tykke bøffer.

3. I en lav skål piskes ægget let med en gaffel. I en anden lav skål kombineres mandelmel, sesamfrø og peber. Dyp hver tomatskive i ægget, vend den til pels. Lad det overskydende æg dryppe af. Dyp hver tomatskive i mandelmelblandingen, vend til pels. Læg de smækkede tomater på en flad tallerken; sæt til side. Smid løgskiver med olivenolie; læg løgskiver i en stegekurv.

4. Til en kul- eller gasgrill placeres løgene i kurven og kødfrikadellerne på grillen ved middel varme. Dæk til og grill i 10 til 12 minutter, ellers bliver løgene gyldne og let forkullet, og bøfferne er færdige (160°), rør løgene af og til og vend bøfferne én gang.

5. I mellemtiden opvarmes olien i en stor stegepande ved middel varme. Tilføj tomatskiver; kog 8 til 10 minutter eller indtil gyldenbrun, vend én gang. (Hvis tomaterne bruner for hurtigt, reduceres varmen til middel-lav. Tilsæt eventuelt mere olie.) Afdryp på en tallerken beklædt med køkkenrulle.

6. For at servere skal du dele salaten mellem fire serveringsplader. Top med bøffer, løg, Paleo ketchup, Dijon-stil sennep og sesam-crusted tomater.

*Bemærk: Du skal nok bruge 2 store tomater. Bruger du røde tomater, så vælg tomater, der er modne, men stadig lidt faste.

BURGERE PÅ PIND MED BABA GHANOUSH-DYPPESAUCE

FORDYBE:15 minutter tilberedning: 20 minutter grill: 35 minutter udbytte: 4 portioner

BABA GHANOUSH ER EN FORLÆNGELSE AF MELLEMØSTENLAVET AF GRILLET RØGET AUBERGINE PURERET MED OLIVENOLIE, CITRON, HVIDLØG OG TAHIN, EN PASTA LAVET AF MALEDE SESAMFRØ. EN KNIVSPIDS SESAMFRØ ER FINT, MEN NÅR DE LAVES TIL EN OLIE ELLER PASTA, BLIVER DE EN KONCENTRERET KILDE TIL LINOLSYRE, SOM KAN BIDRAGE TIL BETÆNDELSE. PINJEKERNESMØRRET, DER BRUGES HER, ER EN GOD ERSTATNING.

- 4 tørrede tomater
- 1½ pund magert hakkekød
- 3 til 4 spsk finthakket løg
- 1 spsk finthakket frisk oregano og/eller finthakket frisk mynte eller ½ tsk tørret oregano, knust
- ¼ tsk cayennepeber
- Baba Ghanoush dipsauce (se*opskrift*, nedenfor)

1. Læg otte 10-tommers træspyd i blød i vand i 30 minutter. I mellemtiden, i en lille skål, hæld kogende vand over tomater; lad sidde i 5 minutter for at rehydrere. Dræn tomaterne og dup dem tørre med køkkenrulle.

2. Kombiner de hakkede tomater, hakket oksekød, løg, oregano og cayennepeber i en stor skål. Fordel kødblandingen i otte portioner; rul hver portion til

en kugle. Fjern spyd fra vandet; Jeg ved det. Træk en kugle på et spyd og form en lang oval rundt om spyddet, start lige under den spidse ende og lad der være plads nok i den anden ende til at støtte stokken. Gentag med resten af spyddene og kuglerne.

3. Til en kul- eller gasgrill placeres kødspyddene på en grill direkte over middel varme. Dæk til og grill cirka 6 minutter eller indtil gennemstegt (160°F), vend en gang halvvejs gennem grillen. Server med Baba Ghanoush dipsauce.

Baba Ghanoush Dipping Sauce: Prik 2 mellemstore auberginer flere steder med en gaffel. Til en kul- eller gasgrill placeres auberginerne på en grillrist direkte over medium varme. Dæk til og grill i 10 minutter eller indtil forkullet på alle sider, vend flere gange under grillningen. Fjern auberginerne og pak dem forsigtigt ind i aluminiumsfolie. Sæt de indpakkede auberginer tilbage på grillen, men ikke direkte over kullene. Dæk til og grill i yderligere 25 til 35 minutter, eller indtil den er kollapset og meget mør. Fedt nok. Skær auberginerne i halve og skrab kødet ud; læg kødet i en foodprocessor. Tilsæt ¼ kop pinjekernesmør (se opskrift); ¼ kop frisk citronsaft; 2 hakkede fed hvidløg; 1 spiseskefuld ekstra jomfru olivenolie; 2 til 3 spiseskefulde frisk persille, skåret i strimler; og ½ tsk stødt spidskommen. Dæk til og bearbejd indtil næsten glat. Hvis saucen er for tyk til at dyppes, så tilsæt nok vand til at få den ønskede konsistens.

RØGET FYLDTE PEBERFRUGTER

LEKTIER:20 minutters tilberedning: 8 minutters bagning: 30 minutters udbytte: 4 portioner

GØR DETTE TIL EN FAMILIEFAVORITMED EN BLANDING AF FARVERIGE PEBERFRUGTER TIL EN IØJNEFALDENDE RET. BRANDRISTEDE TOMATER ER ET GODT EKSEMPEL PÅ, HVORDAN MAN KAN TILFØJE GOD SMAG TIL MAD PÅ EN SUND MÅDE. BLOT AT SVITSE TOMATERNE LIDT FØR KONSERVERING (UDEN SALT) TILFØJER DERES SMAG.

- 4 store grønne, røde, gule og/eller orange søde peberfrugter
- 1 pund hakket oksekød
- 1 spsk røget krydderi (se opskrift)
- 1 spsk ekstra jomfru olivenolie
- 1 lille gult løg, hakket
- 3 fed hvidløg, hakket
- 1 lille hovedet blomkål, udkernet og skåret i buketter
- 1 15-ounce dåse ildristede tomater uden tilsat salt i tern, drænet
- ¼ kop finthakket frisk persille
- ½ tsk sort peber
- ⅛ teskefuld cayennepeber
- ½ kop valnøddekrumme topping (se opskrift, nedenfor)

1. Forvarm ovnen til 375 ° F. Skær sød peber i to lodret. Fjern stilke, frø og membraner; kassere. Sæt halvdelene af peberfrugten til side.

2. Placer hakkebøf i en mellemstor skål; drys med røgkrydderi. Brug hænderne til forsigtigt at blande krydderierne i kødet.

3. I en stor stegepande opvarmes olivenolie over medium varme. Tilsæt kød, løg og hvidløg; kog indtil kødet er brunet og løget er mørt, rør med en træske for at bryde kødet op. Fjern panden fra varmen.

4. Bearbejd blomkålsbuketter i en foodprocessor, indtil de er finthakket. (Hvis du ikke har en foodprocessor, riv blomkålen på et rivejern.) Mål 3 kopper blomkål. Tilføj til hakkebøf blandingen i stegepande. (Hvis der er blomkål tilovers, så gem det til anden brug.) Tilsæt de afdryppede tomater, persille, sort peber og cayennepeber.

5. Fyld peberfrugthalvdelene med hakkebøfsblanding, pak let og læg lidt sammen. Læg de fyldte halve peberfrugter i et ovnfast fad. Bages i 30 til 35 minutter, eller indtil peberfrugterne er sprøde og møre. * Top med valnøddekrumme topping. Hvis det ønskes, kan du vende tilbage til ovnen i 5 minutter for at blive sprød før servering.

Pecan Crumb Topping: Varm 1 spsk ekstra jomfru olivenolie i en mellemstor stegepande over medium lav varme. Tilsæt 1 tsk tørret timian, 1 tsk røget paprika og ¼ tsk hvidløgspulver. Tilsæt 1 kop finthakkede valnødder. Kog og rør rundt i cirka 5 minutter, eller indtil nødderne er gyldenbrune og let ristede. Tilsæt en knivspids eller to cayennepeber. Lad køle helt af. Opbevar rester af topping i en tætlukket beholder i køleskabet, indtil den skal bruges. Giver 1 kop.

*Bemærk: Hvis du bruger grønne peberfrugter, skal du bage yderligere 10 minutter.

BISON BURGERE MED CABERNET LØG OG RUCOLA

LEKTIER:30 minutter tilberedning: 18 minutter grill: 10 minutter gør: 4 portioner

BISON HAR ET MEGET LAVT FEDTINDHOLDOG VIL KOGE 30-50% HURTIGERE END OKSEKØD. KØD BEVARER SIN RØDE FARVE EFTER TILBEREDNING, SÅ FARVE ER IKKE EN INDIKATOR FOR, AT DET ER FÆRDIGT. FORDI BISON ER SÅ MAGERT, MÅ DU IKKE KOGE DET OVER EN INDRE TEMPERATUR PÅ 155 ° F.

- 2 spsk ekstra jomfru olivenolie
- 2 store søde løg, skåret i tynde skiver
- ¾ kop Cabernet Sauvignon eller anden tør rødvin
- 1 tsk middelhavskrydderier (se opskrift)
- ¼ kop ekstra jomfru olivenolie
- ¼ kop balsamicoeddike
- 1 spsk finthakket skalotteløg
- 1 spsk hakket frisk basilikum
- 1 lille fed hvidløg, hakket
- 1 pund formalet bison
- ¼ kop basilikumpesto (se opskrift)
- 5 kopper rucola
- Rå usaltede pistacienødder, ristede (se vippe)

1. I en stor stegepande opvarmes de 2 spsk olie over medium-lav varme. Tilsæt løg. Kog, tildækket, i 10 til 15 minutter, eller indtil løgene er møre, under omrøring af og til. Opdage; kog og rør over

medium-høj varme i 3 til 5 minutter, eller indtil løgene er gyldne. Tilsæt vin; kog ca. 5 minutter eller indtil det meste af vinen er fordampet. Drys med middelhavskrydderier; holde varmen.

2. I mellemtiden kombinerer du ¼ kop olivenolie, eddike, skalotteløg, basilikum og hvidløg i en krukke med skruetop. Dæk og ryst godt.

3. I en stor skål blandes den malede bison og basilikumpesto let sammen. Form kødblandingen let til fire ¾-tommer tykke bøffer.

4. Til en kul- eller gasgrill placeres burgere på en let olieret grillrist direkte over medium varme. Dæk til og grill ca. 10 minutter, indtil den ønskede færdighed (145°F for medium sjælden eller 155°F for medium), vend én gang halvvejs gennem stegen.

5. Læg rucolaen i en stor skål. Dryp vinaigrette over rucola; rør til belægning. For at servere skal du dele løgene mellem fire serveringsplader; top hver med en bison patty. Top burgere med rucola og drys med pistacienødder.

BISON- OG LAMMEKØDSBRØD PÅ CHARD OG SØDE KARTOFLER

LEKTIER: 1 times tilberedning: 20 minutters bagning: 1 times hvile: 10 minutter Udbytte: 4 portioner

DETTE ER GAMMELDAGS COMFORT FOODMED ET MODERNE TWIST. EN RØDVINSSAUCE GIVER KØDBRØDET EN PUNCH AF SMAG, OG HVIDLØGSGRØNT OG SØDE KARTOFFELMOS MED CASHEWCREME OG KOKOSOLIE GIVER ET UTROLIGT NÆRINGSINDHOLD.

2 spsk olivenolie

1 kop finthakkede cremini-svampe

½ kop finthakket rødløg (1 medium)

½ kop finthakket selleri (1 stilk)

⅓ kop finthakket gulerod (1 lille)

½ af et lille æble, udkernet, skrællet og smuldret

2 hakkede fed hvidløg

½ tsk middelhavskrydderier (se opskrift)

1 stort æg, let pisket

1 spsk revet frisk salvie

1 spsk revet frisk timian

8 ounces malet bison

8 ounce hakket lam eller oksekød

¾ kop tør rødvin

1 mellemstor skalotteløg, finthakket

¾ kop oksebensbouillon (se opskrift) eller oksebouillon uden salt

Sød kartoffelpuré (se opskrift, nedenfor)
Chard med hvidløg (se opskrift, nedenfor)

1. Forvarm ovnen til 350 ° F. I en stor stegepande, opvarm olie over medium varme. Tilføj svampe, løg, selleri og gulerod; kog og rør omkring 5 minutter, eller indtil grøntsagerne er bløde. Reducer varmen til lav; tilsæt revet æble og hvidløg. Kog under låg i cirka 5 minutter, eller indtil grøntsagerne er meget møre. Fjern fra varmen; tilsæt middelhavskrydderi.

2. Brug en hulske til at overføre svampeblandingen til en stor skål, mens fedtet gemmes i gryden. Tilsæt æg, salvie og timian. Tilsæt stødt bison og malet lam; bland let. Placer kødblandingen i 2-quart rektangulært bageform; danner et 7 × 4-tommers rektangel. Bages i cirka 1 time, eller indtil et termometer med øjeblikkelig aflæsning registrerer 155 ° F. Lad hvile i 10 minutter. Fjern forsigtigt kødbrødet og læg det på et serveringsfad. Dæk til og hold varmt.

3. Til stegepandesaucen skrabes fedtet og brunede, sprøde stykker fra bageformen ned i det reserverede fedtstof i stegepanden. Tilsæt vin og skalotteløg. Bring i kog ved middel varme; kog indtil reduceret til det halve. Tilsæt oksebensbouillon; kog og rør indtil reduceret til det halve. Fjern panden fra varmen.

4. For at servere skal du dele den mosede søde kartoffel mellem fire serveringsplader; top med lidt

hvidløgsmanold. Kødkaffe skive; Arranger skiver over Garlicky Chard og dryp med sauce fra stegepande.

Mosede søde kartofler: Skræl og hak 4 mellemstore søde kartofler groft. I en stor gryde koges kartofler i tilstrækkeligt kogende vand til at dække i 15 minutter eller indtil de er møre; at dræne. Mos med en kartoffelmoser. Tilsæt ½ kop cashewcreme (se opskrift) og 2 spiseskefulde uraffineret kokosolie; mos indtil glat. Forbliv varm.

Hvidløgsmanold: Fjern stængler fra 2 bundter mangold og kassér. Hak bladene groft. I en stor stegepande opvarmes 2 spsk olivenolie over medium varme. Tilsæt chard og 2 hakkede fed hvidløg; kog til mangold er mør, rør af og til med en tang.

BISON FRIKADELLER SAUSET MED ÆBLE OG RIBS MED ZUCCHINI PAPPARDELLE

LEKTIER:25 minutters bagning: 15 minutters tilberedning: 18 minutters udbytte: 4 portioner

FRIKADELLERNE BLIVER MEGET VÅDESOM DU FORMER DEM. FOR AT FORHINDRE, AT KØDBLANDINGEN KLÆBER TIL DINE HÆNDER, SKAL DU HAVE EN SKÅL MED KOLDT VAND VED HÅNDEN OG VÆDE DINE HÆNDER AF OG TIL, MENS DU ARBEJDER. SKIFT VANDET ET PAR GANGE, MENS FRIKADELLERNE TILBEREDES.

DUMPLINGS
  Olivenolie
  ½ kop grofthakket rødløg
  2 hakkede fed hvidløg
  1 æg, let pisket
  ½ kop svampe og stilke finthakket
  2 spsk hakket frisk italiensk (fladbladet) persille
  2 teskefulde olivenolie
  1 pund malet bison (grovt malet, hvis tilgængeligt)

ÆBLE- OG RIBSSAUCE
  2 spsk olivenolie
  2 store Granny Smith æbler, skrællet, udkernet og finthakket
  2 skalotteløg, hakket
  2 spsk frisk citronsaft

½ kop kyllingebensbouillon (se opskrift) eller hønsebouillon uden salt

2 til 3 spiseskefulde tørrede ribs

ZUCCHINI PAPPARDELLE

6 zucchini

2 spsk olivenolie

¼ kop finthakket purløg

½ tsk stødt rød peber

2 hakkede fed hvidløg

1. For frikadeller, forvarm ovnen til 375 ° F. Pensl en bageplade let med olivenolie; sæt til side. Kombiner løg og hvidløg i en foodprocessor eller blender. Puls indtil glat. Overfør løgblandingen til en mellemstor skål. Tilsæt æg, svampe, persille og 2 teskefulde olie; rør for at kombinere. Tilsæt formalet bison; bland let men godt. Fordel kødblandingen i 16 portioner; form til frikadeller. Læg frikadellerne, jævnt fordelt, på den forberedte bageplade. Bages i 15 minutter; sæt til side.

2. Til saucen varmes 2 spsk olie op i en stegepande ved middel varme. Tilsæt æbler og skalotteløg; kog og rør i 6 til 8 minutter, eller indtil de er meget møre. Tilsæt citronsaften. Overfør blandingen til en foodprocessor eller blender. Dæk og bearbejde eller blend indtil glat; tilbage til gryden. Tilsæt kyllingebensbouillon og ribs. Bring i kog; reducere varmen. Lad det simre uden låg i 8 til 10 minutter, under jævnlig omrøring. Tilføj frikadeller; kog og rør ved svag varme, indtil det er gennemvarmet.

3. Imens skærer du til pappardellen enderne af zucchinien. Brug en meget skarp mandolin eller grøntsagsskræller til at barbere zucchinien i tynde strimler. (For at holde båndene intakte skal du stoppe med at barbere, når du kommer til frøene i midten af græskarret.) I en ekstra stor stegepande opvarmes 2 spsk af olien over medium varme. Tilføj purløg, knust rød peber og hvidløg; kog og rør i 30 sekunder. Tilsæt zucchinibåndene. Kog og rør forsigtigt i cirka 3 minutter eller indtil det er blødt.

4. For at servere skal du dele pappardellen mellem fire serveringsplader; top med frikadeller og æble-ribssauce.

BISON PORCINI BOLOGNESE MED RISTET HVIDLØG SPAGHETTI SQUASH

LEKTIER:30 minutters tilberedning: 1 time 30 minutter bagning: 35 minutter Udbytte: 6 portioner

HVIS DU TROEDE DU HAVDE SPISTDIN SIDSTE SKÅL SPAGHETTI MED KØDSOVS, DA DU ADOPTEREDE THE PALEO DIET®, TRO OM IGEN. SMAG TIL MED HVIDLØG, RØDVIN OG JORDAGTIGE PORCINI-SVAMPE, DENNE RIGE BOLOGNESE ER FYLDT OVEN PÅ SØDE, LÆSKENDE TRÅDE AF SPAGHETTI-SQUASH. DU VIL IKKE SAVNE PASTA EN SMULE.

1 ounce tørrede porcini-svampe

1 kop kogende vand

3 spiseskefulde ekstra jomfru olivenolie

1 pund formalet bison

1 kop finthakkede gulerødder (2)

½ kop hakket løg (1 medium)

½ kop finthakket selleri (1 stilk)

4 fed hvidløg, hakket

3 spsk usaltet tomatpure

½ kop rødvin

2 15-ounce dåser uden salt-tilsat knuste tomater

1 tsk tørret oregano, knust

1 tsk tørret timian, stødt

½ tsk sort peber

1 mellemstor spaghetti squash (2½ til 3 pund)

1 hvidløgsløg

1. Kombiner porcini-svampe og kogende vand i en lille skål; lad det hvile i 15 minutter. Sigt gennem en si foret med 100% bomulds-ostelærred, og bevar iblødsætningsvæsken. Hak svampene; lægge til side

2. Opvarm 1 spsk olivenolie over medium varme i en gryde på 4 til 5 liter. Tilsæt malet bison, gulerødder, løg, selleri og hvidløg. Kog indtil kødet er brunet og grøntsagerne er møre, rør med en træske for at bryde kødet op. Tilføj tomatpure; kog og rør i 1 minut. Tilsæt rødvin; kog og rør i 1 minut. Tilsæt porcini-svampe, tomater, oregano, timian og peber. Tilsæt den reserverede svampevæske, og pas på at undgå at tilføje sand eller gryn, der kan være til stede i bunden af skålen. Bring i kog, under omrøring af og til; reducere varmen til lav. Lad det simre, tildækket, i 1½ til 2 timer eller indtil den ønskede konsistens.

3. Forvarm i mellemtiden ovnen til 375 ° F. Skær squash i halve på langs; skrab frøene ud. Læg squashhalvdelene med de afskårne sider nedad i et stort ovnfast fad. Prik alt skindet med en gaffel. Skær den øverste ½ tomme af hvidløgshovedet af. Læg hvidløget med snitsiden opad i bradepanden med squashen. Dryp med den resterende spiseskefuld olivenolie. Bages i 35 til 45 minutter, eller indtil græskar og hvidløg er møre.

4. Brug en ske og gaffel til at fjerne og mos kødet af hver squashhalvdel; overfør til en skål og dæk til

for at holde varmen. Når hvidløget er køligt nok til at håndtere, klem løget fra bunden for at fjerne nelliker. Brug en gaffel til at knuse hvidløgsfeddene. Rør det pressede hvidløg i squashen, og fordel hvidløget jævnt. Til servering hældes saucen over squashblandingen.

BISON CHILI CON CARNE

LEKTIER:25 minutters kogning: 1 time 10 minutter
Udbytte: 4 portioner

CHOKOLADE, KAFFE OG KANEL UDEN SUKKERTILFØJE INTERESSE TIL DENNE HJERTELIGE FAVORIT. FOR EN ENDNU MERE RØGET SMAG, ERSTATTE 1 SPSK RØGET SØD PAPRIKA MED PAPRIKA.

3 spiseskefulde ekstra jomfru olivenolie

1 pund formalet bison

½ kop hakket løg (1 medium)

2 hakkede fed hvidløg

2 14,5-ounce dåser uden salt tilsat tomater i tern, udrænet

1 6-ounce dåse usaltet tomatpasta

1 kop oksebensbouillon (se opskrift) eller oksebouillon uden salt

½ kop stærk kaffe

2 ounces 99% kakao bagebar, hakket

1 spsk paprika

1 tsk stødt spidskommen

1 tsk tørret oregano

1½ tsk røget krydderi (se opskrift)

½ tsk stødt kanel

⅓ kop kerner

1 tsk olivenolie

½ kop cashewcreme (se opskrift)

1 tsk frisk citronsaft

½ kop friske korianderblade

4 limebåde

1. I en gryde varmes de 3 spsk olivenolie op ved middel varme. Tilsæt stødt bison, løg og hvidløg; kog ca. 5 minutter, eller indtil kødet er brunet, rør med en træske for at bryde kødet op. Tilsæt udrænede tomater, tomatpure, oksebensbouillon, kaffe, bagechokolade, paprika, spidskommen, oregano, 1 tsk af det røgede krydderi og kanel. Bring i kog; reducere varmen. Lad det simre, tildækket, i 1 time, under omrøring af og til.

2. Rist i mellemtiden pepitaerne i 1 tsk olivenolie i en lille stegepande ved middel varme, indtil de begynder at poppe og blive gyldne. Læg pepitas i en lille skål; tilsæt resterende ½ tsk røgkrydderi; rør til belægning.

3. Kombiner cashewcreme og limesaft i en lille skål.

4. Til servering hældes chilien i skåle. Topportioner med cashewcreme, pepitas og koriander. Server med limebåde.

MAROKKANSKE KRYDREDE BISONSTEAKS MED GRILLEDE CITRONER

LEKTIER:10 minutter på grillen: 10 minutter Udbytte: 4 portioner

SERVER DISSE HURTIGE BØFFERMED FRISK OG SPRØD GULERODSSALAT MED KRYDDERIER (SE<u>OPSKRIFT</u>). HVIS DU HAR LYST TIL EN GODBID, GRILLET ANANAS MED KOKOSCREME (SE<u>OPSKRIFT</u>) VILLE VÆRE EN GOD MÅDE AT AFSLUTTE MÅLTIDET PÅ.

- 2 spsk stødt kanel
- 2 spsk paprika
- 1 spsk hvidløgspulver
- ¼ tsk cayennepeber
- 4 6-ounce bison filet mignon fileter, skåret ¾ til 1 tomme tykke
- 2 citroner, skåret i halve vandret

1. I en lille skål blandes kanel, paprika, hvidløgspulver og cayennepeber sammen. Dup bøfferne tørre med køkkenrulle. Gnid begge sider af fileterne med krydderiblandingen.

2. Til en kul- eller gasgrill placeres bøffer på grillen direkte over medium varme. Dæk og grill 10 til 12 minutter til medium sjælden (145°F) eller 12 til 15 minutter for medium (155°F), vend én gang halvvejs gennem stegen. Læg i mellemtiden citronhalvdele, med de afskårne sider nedad, på

grillen. Grill i 2 til 3 minutter eller indtil let forkullet og saftigt.

3. Server med grillede citronhalvdele til at presse over bøffer.

BISON MØRBRAD GNEDET MED URTER FRA PROVENCE

LEKTIER:15 minutters tilberedning: 15 minutters stegning: 1 time 15 minutters hvile: 15 minutter Udbytte: 4 portioner

HERBES DE PROVENCE ER EN BLANDINGAF TØRREDE URTER, DER VOKSER I OVERFLOD I DET SYDLIGE FRANKRIG. BLANDINGEN INDEHOLDER NORMALT EN KOMBINATION AF BASILIKUM, FENNIKELFRØ, LAVENDEL, MERIAN, ROSMARIN, SALVIE, KRYDRET OG TIMIAN. DET SMAGER DENNE MEGET AMERIKANSKE STEG SMUKT.

1 3 pund ristet bisonmørbrad

3 spiseskefulde Herbes de Provence

4 spsk ekstra jomfru olivenolie

3 fed hvidløg, hakket

4 små pastinakker, pillede og hakkede

2 modne pærer, udkernede og hakkede

½ kop usødet pærenektar

1 til 2 tsk frisk timian

1. Forvarm ovnen til 375 ° F. Trim fedt fra stegen. I en lille skål kombineres Herbes de Provence, 2 spsk olivenolie og hvidløg; gnid hele stegen.

2. Læg stegen på en rist i en lav bradepande. Sæt et ovntermometer i midten af stegen. * Steg uden låg i 15 minutter. Reducer ovntemperaturen til 300 ° F.

Steg i yderligere 60 til 65 minutter, eller indtil kødtermometeret registrerer 140 ° F (medium sjælden). Dæk med aluminiumsfolie og lad hvile i 15 minutter.

3. Imens opvarmes de resterende 2 spsk olivenolie i en stor stegepande over middel varme. Tilsæt pastinak og pærer; kog 10 minutter, eller indtil pastinakker er sprøde-møre, under omrøring af og til. Tilføj pærenektar; kog ca. 5 minutter, eller indtil saucen er lidt tykkere. Drys med timian.

4. Skær stegen i tynde skiver langs med kornet. Server kødet med pastinak og pærer.

*Tip: Bison er meget magert og koger hurtigere end oksekød. Også farven på kød er rødere end kød, så du kan ikke stole på en visuel cue for at bestemme færdighed. Du skal bruge et kødtermometer, der fortæller dig, hvornår kødet er færdigt. Et ovntermometer er ideelt, selvom det ikke er en nødvendighed.

KAFFEBRAISERET BISON SHORT RIBS MED MANDARIN ORANGE GREMOLATA OG SELLERI ROOT PURE

LEKTIER: 15 minutters kogning: 2 timer 45 minutter
Udbytte: 6 portioner

BISON RIBBENENE ER STORE OG KØDFULDE. DE KRÆVER EN GOD LANG KOGNING I VÆSKE FOR AT BLØDGØRE DEM. GREMOLATA LAVET MED MANDARINSKRÆL LYSER OP I SMAGEN AF DENNE SOLIDE RET.

MARINADE
- 2 kopper vand
- 3 kopper stærk kaffe, kold
- 2 kopper frisk mandarinjuice
- 2 spsk frisk rosmarin skåret i strimler
- 1 tsk groftkværnet sort peber
- 4 pund bison ribben, skåret mellem ribbenene for at skille dem ad

SIMRE
- 2 spsk olivenolie
- 1 tsk sort peber
- 2 kopper hakkede løg
- ½ kop hakkede skalotteløg
- 6 fed hvidløg, hakket
- 1 jalapeñopeber, frøet og hakket (se *vippe*)
- 1 kop stærk kaffe

1 kop oksebensbouillon (se opskrift) eller oksebouillon uden salt

¼ kop Paleo ketchup (se opskrift)

2 spiseskefulde Dijon-stil sennep (se opskrift)

3 spiseskefulde cidereddike

Sellerirodpuré (se opskrift, nedenfor)

Mandarin gremolata (se opskrift, højre)

1. Til marinaden kombineres vand, kold kaffe, mandarinjuice, rosmarin og sort peber i en stor ikke-reaktiv skål (glas eller rustfrit stål). Tilsæt ribbenene. Læg eventuelt en tallerken oven på ribbenene for at holde dem nedsænket. Dæk og afkøl i 4 til 6 timer, omarranger og omrør én gang.

2. Til braiseringen, forvarm ovnen til 325 ° F. Dræn ribbenene, kassér marinaden. Dup ribbenene tørre med køkkenrulle. I en stor hollandsk ovn opvarmes olivenolien over medium-høj varme. Krydr ribbenene med sort peber. Svits ribbenene i partier, indtil de er brune på alle sider, ca. 5 minutter pr. batch. Overfør til en stor tallerken.

3. Tilsæt løg, skalotteløg, hvidløg og jalapeno i gryden. Reducer varmen til medium, dæk til og kog, indtil grøntsagerne er møre, under omrøring af og til i cirka 10 minutter. Tilsæt kaffe og bouillon; rør rundt og skrab eventuelle brunede stykker op. Tilsæt Paleo-ketchup, Dijon-stil sennep og eddike. Bring i kog. Tilsæt ribbenene. Dæk til og overfør til ovnen. Kog indtil kødet er mørt, cirka 2 timer og 15

minutter, omrør forsigtigt og omarranger ribbenene en eller to gange.

4. Overfør ribben til en tallerken; telt med alufolie for at holde varmen. Brug en ske til at skumme fedtet af saucens overflade. Kog saucen indtil reduceret til 2 kopper, cirka 5 minutter. Fordel sellerirodmosen mellem 6 plader; top med ribben og sauce. Drys med Mandarin Gremolata.

Sellerirodpuré: I en stor gryde kombineres 3 pund sellerirod, skrællet og skåret i 1-tommers stykker og 4 kopper kyllingebensbouillon (se opskrift) eller usaltet hønsebouillon. Bring i kog; reducere varmen. Dræn selleriroden, behold bouillonen. Kom selleriroden tilbage i gryden. Tilsæt 1 spsk olivenolie og 2 teskefulde hakket frisk timian. Brug en kartoffelmoser til at mos selleriroden, tilsæt den reserverede bouillon, et par spiseskefulde ad gangen, efter behov for at opnå den ønskede konsistens.

Tangerine Gremolata: Kombiner ½ kop revet frisk persille, 2 spsk fintrevet mandarinskal og 2 hakkede fed hvidløg i en lille skål.

OKSEBENSBOUILLON

LEKTIER: 25 minutters stegning: 1 times tilberedning: 8 timer Udbytte: 8 til 10 kopper

BENEDE OKSEHALER GIVER EN EKSTREMT RIGT SMAGENDE BOUILLONSOM KAN BRUGES I ENHVER OPSKRIFT, DER KRÆVER OKSEBOUILLON, ELLER BLOT NYDES SOM EN PICK-ME-UP I EN KOP NÅR SOM HELST PÅ DAGEN. SELVOM DE FAKTISK PLEJEDE AT KOMME FRA EN OKSE, KOMMER OKSEHALER NU FRA ET KØDDYR.

5 gulerødder, hakket

5 selleristængler, groft hakket

2 gule løg, skrællet, skåret i halve

8 ounce hvide svampe

1 hvidløgsløg, skrællet, skåret i halve

2 pund oksehale eller oksekødben

2 tomater

12 kopper koldt vand

3 laurbærblade

1. Forvarm ovnen til 400 ° F. Placer gulerødder, selleri, løg, svampe og hvidløg på en stor bageplade eller en lav bageplade. læg benene oven på grøntsagerne. Purér tomaterne i en foodprocessor, indtil de er glatte. Fordel tomaterne over benene, så de dækker dem (det er okay, hvis noget af puréen drypper ud på panden og grøntsagerne). Steg 1 til 1½ time eller indtil knoglerne er brunede og grøntsagerne er karamelliserede. Overfør knogler og grøntsager til

en 10- til 12-quart hollandsk ovn eller gryde. (Hvis noget af tomatblandingen karamelliserer i bunden af gryden, tilsæt 1 kop varmt vand til gryden og skrab eventuelle bidder op. Hæld væsken over knoglerne og grøntsagerne, og reducer mængden af vand med 1 kop.).

2. Bring langsomt blandingen til at simre ved middel-høj til høj varme. Reducer varmen; dæk og lad bouillonen simre i 8 til 10 timer, mens der røres af og til.

3. Si bouillonen; kassere knogler og grøntsager. frisk bouillon; overfør bouillon til opbevaringsbeholdere og køl op til 5 dage; fryse op til 3 måneder. *

Slow Cooker-instruktioner: For en 6 til 8 liter langsom komfur skal du bruge 1 pund oksekødben, 3 gulerødder, 3 selleristængler, 1 gult løg og 1 hvidløgsløg. Purér 1 tomat og gnid den over knoglerne. Grill som anvist, og overfør derefter ben og grøntsager til slow cooker. Skrab eventuelle karamelliserede tomater op som anvist og tilsæt til slow cookeren. Tilsæt nok vand til at dække. Dæk til og kog over høj varme, indtil bouillonen koger, cirka 4 timer. Reducer til lav varme; kog 12 til 24 timer. Si bouillonen; kassere knogler og grøntsager. Opbevar som anvist.

*Tip: For nemt at skumme fedtet fra bouillonen skal du opbevare det i en tildækket beholder i køleskabet natten over. Fedtet vil stige til overfladen og danne et fast lag, der nemt kan skrabes af. Bouillon kan tykne efter afkøling.

TUNESISK KRYDRET SVINEKØDSKULDER MED KRYDREDE POMMES FRITES

LEKTIER:25 minutters stegning: 4 timers bagning: 30 minutters udbytte: 4 portioner

DETTE ER EN FANTASTISK RET AT LAVEPÅ EN KØLIG EFTERÅRSDAG. KØDET STEGER I TIMEVIS I OVNEN, HVILKET FÅR DIT HUS TIL AT DUFTE SKØNT OG GIVER DIG TID TIL AT LAVE ANDRE TING. BAGTE SØD KARTOFFEL FRITTER BLIVER IKKE SPRØDE PÅ SAMME MÅDE, SOM HVIDE KARTOFLER GØR, MEN DE ER LÆKRE PÅ HVER DERES MÅDE, ISÆR NÅR DE DYPPES I HVIDLØGSMAYONNAISE.

SVIN
- 1 2½ til 3 pund udbenet svineskuldersteg
- 2 tsk stødt ancho chile
- 2 tsk stødt spidskommen
- 1 tsk kommenfrø, let knust
- 1 tsk stødt koriander
- ½ tsk stødt gurkemeje
- ¼ tsk stødt kanel
- 3 spsk olivenolie

POMMES FRITES
- 4 mellemstore søde kartofler (ca. 2 pund), skrællet og skåret i ½ tomme tykke terninger
- ½ tsk stødt rød peber

½ tsk løgpulver
½ tsk hvidløgspulver
Olivenolie
1 løg, skåret i tynde skiver
Paleo Aïoli (hvidløgsmayonnaise) (se<u>opskrift</u>)

1. Forvarm ovnen til 300 ° F. Trim fedt fra kød. I en lille skål kombineres den malede anchochile, stødt spidskommen, kommenfrø, koriander, gurkemeje og kanel. Drys kød med krydderiblanding; Gnid kødet jævnt med fingrene.

2. I en 5- til 6-liters ovnfast gryde opvarmes 1 spsk olivenolie over medium-høj varme. Brun svinekød på alle sider i varm olie. Dæk til og steg cirka 4 timer eller indtil de er meget mør og et kødtermometer registrerer 190 ° F. Fjern den hollandske ovn fra ovnen. Lad stå, tildækket, mens du forbereder søde kartoffelfrites og løg, mens du beholder 1 spsk af fedtet i den hollandske ovn.

3. Øg ovntemperaturen til 400 ° F. Til søde kartoffelfrites skal du i en stor skål kombinere søde kartofler, de resterende 2 spsk olivenolie, knust rød peber, løgpulver og hvidløgspulver; rør til belægning. Beklæd en stor eller to små bageplader med aluminiumsfolie; pensl med ekstra olivenolie. Arranger de søde kartofler i et enkelt lag på de forberedte bageplader. Bag cirka 30 minutter eller indtil de er møre, og vend søde kartofler en gang halvvejs gennem kogningen.

4. Fjern i mellemtiden kød fra hollandsk ovn; Dæk med aluminiumsfolie for at holde varmen. Dræn fedtet, behold 1 spiseskefuld fedt. Sæt det reserverede fedt tilbage i den hollandske ovn. Tilføj løg; kog over medium varme i cirka 5 minutter, eller indtil de er blødgjort, under omrøring af og til.

5. Overfør svinekød og løg til et serveringsfad. Brug to gafler til at skære svinekødet i store stykker. Server flæsket og fritterne med Paleo Aïoli.

CUBANSK GRILLET SVINEKØD SKULDER

LEKTIER:15 minutter marinade: 24 timer grill: 2 timer 30 minutter hvile: 10 minutter udbytte: 6 til 8 portioner

KENDT SOM "RISTET PATTEGRIS" I DETS OPRINDELSESLAND,DENNE FLÆSKESTEG ER MARINERET I EN KOMBINATION AF FRISK CITRUSJUICE, KRYDDERIER, KNUST RØD PEBER OG EN HEL PÆRE HAKKET HVIDLØG. KOGNING DET OVER KUL EFTER AT HAVE LAGT DET NATTEN OVER I MARINADEN GIVER DET EN FANTASTISK SMAG.

- 1 hvidløgsløg, fed adskilt, pillet og hakket
- 1 kop grofthakkede løg
- 1 kop olivenolie
- 1⅓ kopper frisk citronsaft
- ⅔ kop frisk appelsinjuice
- 1 spsk stødt spidskommen
- 1 spsk tørret oregano, knust
- 2 tsk friskkværnet sort peber
- 1 tsk stødt rød peber
- 1 4 til 5 pund udbenet flæskesteg

1. Til marinaden skilles hvidløgshovederne i fed. Skræl og hak nellikeren; læg i en stor skål. Tilsæt løg, olivenolie, limesaft, appelsinjuice, spidskommen, oregano, sort peber og knust rød peber. Rør godt rundt og gem.

2. Brug en udbeningskniv til at gennembore flæskestegen dybt over det hele. Sænk forsigtigt stegen ned i marinaden, og sænk den så meget som muligt i væsken. Dæk skålen tæt med plastfolie. Lad marinere i køleskabet i 24 timer, vend én gang.

3. Fjern svinekød fra marinaden. Hæld marinaden i en mellemstor gryde. Bring i kog; kog i 5 minutter. Fjern fra varmen og lad afkøle. Sæt til side.

4. Til en kulgrill placeres kul ved middel varme rundt om en drypbakke. Prøv medium varme over panden. Læg kødet på grillristen over drypbakken. Dæk til og grill i 2½ til 3 timer, eller indtil et termometer med øjeblikkelig aflæsning indsat i midten af stegen registrerer 140°F. (For gasgrill, forvarm grillen. Reducer varmen til medium. Indstil til færdig. (Indirekte. Læg kødet på grillristen). over brænderen slukket. Dæk og grill som anvist.) Fjern kødet fra grillen. Dæk løst med folie og lad hvile i 10 minutter, før du skærer eller smider.

ITALIENSK KRYDRET FLÆSKESTEG MED GRØNTSAGER

LEKTIER:20 minutters stegning: 2 timer 25 minutters hvile: 10 minutter Udbytte: 8 portioner

"FRISK ER BEDST" ER ET GODT MANTRA.TIL AT FØLGE MED, NÅR DET KOMMER TIL MADLAVNING DET MESTE AF TIDEN. TØRREDE URTER FUNGERER DOG MEGET GODT TIL AT SPREDE KØD. NÅR KRYDDERURTERNE ER TØRREDE, KONCENTRERES DERES SMAG. NÅR DE KOMMER I KONTAKT MED FUGTEN I KØDET, FRIGIVER DE DERES SMAG IND I DET, SOM I DENNE STEG I ITALIENSK STIL SMAGT TIL MED PERSILLE, FENNIKEL, OREGANO, HVIDLØG OG VARMHAKKET RØD PEBER.

- 2 spsk tørret persille, knust
- 2 spsk fennikelfrø, knust
- 4 teskefulde tørret oregano, knust
- 1 tsk friskkværnet sort peber
- ½ tsk stødt rød peber
- 4 fed hvidløg, hakket
- 1 4-pund udbenet svinekødsskulder
- 1 til 2 spiseskefulde olivenolie
- 1¼ kopper vand
- 2 mellemstore løg, pillet og skåret i tern
- 1 stor fennikelløg, trimmet, kernehus og skåret i tern
- 2 pund rosenkål

1. Forvarm ovnen til 325 ° F. I en lille skål kombineres persille, fennikelfrø, oregano, sort peber, knust rød

peber og hvidløg; sæt til side. Løs evt. flæskestegen. Trim fedt fra kød. Gnid kødet på alle sider med krydderiblandingen. Hvis det ønskes, steges igen for at holde det sammen.

2. I en hollandsk ovn opvarmes olie over medium-høj varme. Brun kødet på alle sider i den varme olie. Dræn fedtet. Hæld vandet i den hollandske ovn rundt om stegen. Steg uden låg i 1½ time. Arranger løg og fennikel rundt om flæskestegen. Dæk til og steg i 30 minutter mere.

3. Trim imens stilkene fra rosenkålen og fjern de visne yderste blade. Skær rosenkålen i halve. Tilføj rosenkålen til den hollandske ovn, og læg dem oven på andre grøntsager. Dæk til og steg i yderligere 30 til 35 minutter, eller indtil grøntsager og kød er mørt. Overfør kødet til et serveringsfad og dæk med folie. Lad hvile i 15 minutter før skæring. Vend grøntsager med pandesaft til at dække. Brug en hulske til at placere grøntsager på en serveringsfad eller skål; dække for at holde varmen.

4. Brug en stor ske til at skumme fedtet fra pandesaften. Hæld den resterende pandesaft gennem en si. Skær svinekødet i skiver, fjern benet. Server kød med grøntsager og pandesaft.

SLOW COOKER PORK MOLE

LEKTIER:20 minutters slow cooker: 8 til 10 timer (lav) eller 4 til 5 timer (høj) Udbytte: 8 portioner

MED SPIDSKOMMEN, KORIANDER, OREGANO, TOMATER, MANDLER, ROSINER, CHILI OG CHOKOLADE,DENNE FYLDIGE OG KRYDREDE SAUCE HAR MEGET AT GØRE, PÅ DEN GODE MÅDE. DET ER ET IDEELT MÅLTID AT STARTE OM MORGENEN, INDEN DU STARTER DAGEN. NÅR DU KOMMER HJEM, ER AFTENSMADEN NÆSTEN KLAR, OG DIT HUS DUFTER FANTASTISK.

- 1 3-punds udbenet flæskesteg
- 1 kop grofthakket løg
- 3 fed hvidløg, skåret i skiver
- 1½ dl oksebensbouillon (se opskrift), Kyllingebensbouillon (se opskrift), eller okse- eller hønsebouillon uden salttilsætning
- 1 spsk stødt spidskommen
- 1 spsk stødt koriander
- 2 tsk tørret oregano, knust
- 1 15-ounce dåse uden salt-tilsat tomater i tern, drænet
- 1 6-ounce dåse tomatpuré uden tilsat salt
- ½ kop skivede mandler, ristede (se vippe)
- ¼ kop usvovlede gyldne rosiner eller ribs
- 2 ounces usødet chokolade (såsom 99% Scharffen Berger kakaobar), groft hakket
- 1 tørret chipotle eller ancho chile
- 2 4-tommer kanelstænger

¼ kop strimlet frisk koriander

1 avocado, skrællet, frøet og skåret i tynde skiver

1 lime, skåret i tern

⅓ kop usaltede ristede grønne græskarkerner (valgfrit) (se<u>vippe</u>)

1. Trim fedt fra flæskesteg. Hvis det er nødvendigt, skær kød, så det passer i en 5- til 6-quart langsom komfur; sæt til side.

2. I slowcookeren kombineres løg og hvidløg. I et 2-kopps glas målebæger, piskes oksebensbouillon, spidskommen, koriander og oregano sammen; hældes i gryden. Tilsæt de hakkede tomater, tomatpure, mandler, rosiner, chokolade, tørret chili og kanelstænger. Læg kødet i gryden. Hæld noget af tomatblandingen ovenpå. Dæk til og steg ved lav varme 8-10 timer eller ved høj varme 4-5 timer eller indtil svinekødet er mørt.

3. Overfør svinekød til et skærebræt; køle lidt ned. Brug to gafler til at dele kødet i stykker. Dæk kødet med alufolie og reserver.

4. Fjern og kassér de tørrede chili og kanelstænger. Med en stor ske skummes fedtet fra tomatblandingen. Overfør tomatblandingen til en blender eller foodprocessor. Dæk og blend eller bearbejd indtil næsten glat. Kom pulled pork og sauce tilbage i slow cookeren. Hold varm ved lav varme indtil servering, op til 2 timer.

5. Lige inden servering tilsættes koriander. Anret muldvarpen i skåle og pynt med avocadoskiver, limebåde og evt. græskarkerner.

SVINE- OG GRÆSKARGRYDERET MED KOMMEN

LEKTIER:30 minutters kogning: 1 time Udbytte: 4 portioner

SENNEPSGRØNT MED PEBER OG SENNEPSGRÆSKARTILFØJ LIVLIGE FARVER OG ET VÆLD AF VITAMINER SAMT FIBRE OG FOLAT TIL DENNE GRYDERET KRYDRET MED ØSTEUROPÆISKE SMAG.

1 1¼ til 1½ pund stegt svinekødskulder

1 spsk paprika

1 spsk kommenfrø, fint knust

2 tsk tør sennep

¼ tsk cayennepeber

2 spsk raffineret kokosolie

8 ounce friske svampe, skåret i tynde skiver

2 selleristængler, skåret på tværs i 1-tommers skiver

1 lille rødløg, skåret i tynde skiver

6 fed hvidløg, hakket

5 kopper kyllingebensbouillon (se opskrift) eller hønsebouillon uden salt

2 kopper skrællet og skåret butternut squash i tern

3 kopper grofthakket sennepsgrønt eller collardgrønt

2 spsk strimlet frisk salvie

¼ kop frisk citronsaft

1. Skær fedtet fra svinekødet. Skær svinekød i 1½-tommers terninger; læg i en stor skål. I en lille skål kombineres paprika, kommen, tør sennep og

cayennepeber. Drys over svinekød, omrør, så det bliver jævnt.

2. I en 4 til 5 liter gryde opvarmes kokosolien over middel varme. Tilsæt halvdelen af kødet; kog indtil de er brune, rør af og til. Fjern kødet fra panden. Gentag med det resterende kød. Reserver kødet.

3. Tilføj svampe, selleri, rødløg og hvidløg til den hollandske ovn. Kog i 5 minutter, rør af og til. Sæt kødet tilbage i den hollandske ovn. Tilsæt forsigtigt kyllingebensbouillonen. Bring i kog; reducere varmen. Dæk til og kog ved svag varme i 45 minutter. Tilsæt græskarret. Læg låg på og lad det simre i yderligere 10 til 15 minutter, eller indtil svinekød og squash er mørt. Tilsæt sennepsgrønt og salvie. Kog i 2 til 3 minutter, eller indtil grøntsagerne er møre. Tilsæt citronsaften.

TOP LÆNDESTEG FYLDT MED FRUGT MED BRANDY SAUCE

LEKTIER:30 minutters tilberedning: 10 minutters stegning: 1 time og 15 minutters hvile: 15 minutter Udbytte: 8 til 10 portioner

DENNE ELEGANTE STEG ER PERFEKT TIL EN SÆRLIG LEJLIGHED ELLER FAMILIESAMMENKOMST, ISÆR I EFTERÅRET. DENS SMAG - ÆBLER, MUSKATNØD, TØRRET FRUGT OG VALNØDDER - FANGER ESSENSEN AF DEN SÆSON. SERVER MED TRANEBÆR SØD KARTOFFELMOS OG RISTET RØDBEDE GRØNKÅLSSLAW (SE opskrift).

STEGE
- 1 spsk olivenolie
- 2 kopper skrællede og hakkede Granny Smith æbler (ca. 2 mellemstore)
- 1 skalotteløg finthakket
- 1 spsk revet frisk timian
- ¾ tsk friskkværnet sort peber
- ⅛ teskefuld stødt muskatnød
- ½ kop usødede tørrede abrikoser i skiver
- ¼ kop hakkede valnødder, ristede (se vippe)
- 1 kop kyllingebensbouillon (se opskrift) eller hønsebouillon uden salt
- 1 3-punds udbenet svinehovedstegt lænd (enkelt lænd)

BRANDY SAUCE
- 2 spsk æblecider

2 spsk brandy

1 tsk Dijon-stil sennep (se<u>opskrift</u>)

friskkværnet sort peber

1. Til fyldet opvarmes olivenolien ved middel varme i en stor stegepande. Tilsæt æbler, skalotteløg, timian, ¼ tsk peber og muskatnød; kog 2 til 4 minutter, eller indtil æbler og skalotteløg er møre og let brunede, mens der røres af og til. Tilsæt abrikoser, valnødder og 1 spsk bouillon. Kog uden låg i 1 minut for at blødgøre abrikoserne. Fjern fra varmen og sæt til side.

2. Forvarm ovnen til 325 ° F. Skær flæskesteg ved at skære midten af stegen ned i længderetningen og skære ½ tomme på tværs. Spred stegen åben. Placer kniven i V-snittet, vend vandret til den ene side af V, og skær ½ tomme fra siden. Gentag på den anden side af V. Læg stegen ud og dæk med plastfolie. Arbejd fra midten og ud til kanterne, bank stegen med en kødhammer, indtil den er omkring ¾-tommer tyk. Fjern og kassér plastikfolien. Fordel farsen over toppen af stegen. Start på den korte side og rul stegen til en spiral. Bind med 100% bomuld køkkengarn flere steder for at holde stegen sammen. Drys stegen med den resterende ½ tsk peber.

3. Læg stegen på en rist i en lav bradepande. Sæt et ovntermometer i midten af stegen (ikke i fyldet). Steg uden låg i 1 time 15 minutter til 1 time 30 minutter eller indtil termometeret registrerer 145 °

F. Fjern stegen og dæk løst med folie; lad den hvile i 15 minutter inden den skæres i skiver.

4. I mellemtiden, til brandyssaucen, bland den resterende bouillon og æblecider i fedtet i stegepanden, mens du piskes for at skrabe eventuelle brunede stykker op. Si fedtet i en mellemstor gryde. Bring i kog; kog ca. 4 minutter, eller indtil saucen er reduceret med en tredjedel. Tilsæt brandy og sennep i Dijon-stil. Smag til med ekstra peber. Server saucen med flæskestegen.

VERANDA VERANDA STEG

LEKTIER:15 minutter marinering: stående natten over: 40 minutter stegning: 1 time gør: 6 portioner

TRADITIONEL ITALIENSK PORCHETTA(NOGLE GANGE STAVET PORKETTA PÅ AMERIKANSK ENGELSK) ER EN UDBENET PATTEGRIS FYLDT MED HVIDLØG, FENNIKEL, PEBER OG KRYDDERURTER SÅSOM SALVIE ELLER ROSMARIN, DEREFTER PLACERET PÅ ET SPYD OG STEGT OVER TRÆ. DET ER OGSÅ NORMALT MEGET SALT. DENNE PALEO-VERSION ER FORENKLET OG MEGET VELSMAGENDE. ERSTAT FRISK ROSMARIN MED SALVIE, HVIS DET ØNSKES, ELLER BRUG EN BLANDING AF DE TO KRYDDERURTER.

- 1 2 til 3 pund udbenet stegt svinekam
- 2 spsk fennikelfrø
- 1 tsk sorte peberkorn
- ½ tsk stødt rød peber
- 6 fed hvidløg, hakket
- 1 spsk fintrevet appelsinskal
- 1 spsk revet frisk salvie
- 3 spsk olivenolie
- ½ kop tør hvidvin
- ½ kop kyllingebensbouillon (se opskrift) eller hønsebouillon uden salt

1. Fjern flæskesteg fra køleskabet; Lad stå ved stuetemperatur i 30 minutter. I mellemtiden, i en lille stegepande, rist fennikelfrøene over medium

varme, omrør ofte, omkring 3 minutter eller indtil mørke i farven og duftende; kold. Overfør til en ren krydderikværn eller kaffekværn. Tilsæt peberkorn og stødt rød peber. Kværn til en mellemfin konsistens. (Mal ikke til pulver.)

2. Forvarm ovnen til 325 ° F. I en lille skål kombineres formalede krydderier, hvidløg, appelsinskal, salvie og olivenolie for at lave en pasta. Læg flæskestegen på en rist i en lille bageplade. Gnid blandingen over hele svinekødet. (Hvis det ønskes, læg krydret svinekød i et 9 × 13 × 2-tommers glasfad. Dæk med plastfolie og stil det på køl natten over for at marinere. Overfør kødet til en bradepande før stegning. Kog og lad det stå ved stuetemperatur i 30 minutter før tilberedning. .)

3. Steg svinekød i 1 til 1½ time, eller indtil et termometer med øjeblikkelig aflæsning indsat i midten af stegen registrerer 145 ° F. Overfør stegen til skærebrættet og dæk løst med aluminiumsfolie. Lad hvile 10 til 15 minutter før skæring.

4. Hæld imens pandesaft i et glasmålebæger. Trim fedt fra toppen; sæt til side. Sæt stegepanden på komfuret. Hæld vin og kyllingebensbouillon i gryden. Bring det i kog over medium-høj varme, under omrøring for at skrabe eventuelle brunede stykker op. Kog ca. 4 minutter, eller indtil blandingen er let reduceret. Rør i reserverede pandesafter; tryk. Skær svinekødet i skiver og server med sauce.

BRAISERET SVINEKAM MED TOMATILLO

LEKTIER:40 minutter at stege: 10 minutter at stege: 20 minutter at stege: 40 minutter at hvile: 10 minutter til: 6 til 8 portioner

TOMATILLOS HAR EN KLÆBRIG, OSTEAGTIG BELÆGNINGUNDER DERES PAPIRSKIND. EFTER AT HAVE FJERNET HUDEN, SKYLL DEM HURTIGT UNDER RINDENDE VAND, OG DE ER KLAR TIL BRUG.

1 pund tomatillos, skrællet, stilket og skyllet

4 serrano chili, opstammet, frøet og halveret (se vippe)

2 jalapeños, opstammet, frøet og halveret (se vippe)

1 stor gul peberfrugt, stilket, frøet og halveret

1 stor orange peberfrugt, stilket, frøet og halveret

2 spsk olivenolie

1 2 til 2½ pund udbenet stegt svinekam

1 stort gult løg, pillet, halveret og skåret i tynde skiver

4 fed hvidløg, hakket

¾ kop vand

¼ kop frisk limesaft

¼ kop strimlet frisk koriander

1. Forvarm grillen til høj varme. Dæk en bageplade med alufolie. Placer tomatillos, serrano peberfrugter, jalapeños og sød peber på en forberedt bageplade. Grill grøntsager 4 inches fra varmen, indtil de er godt forkullede, vend tomatillos lejlighedsvis og fjern grøntsagerne, efterhånden som de forkuller, 10 til 15 minutter. Læg serranoer, jalapeños og

tomatillos i en skål. Læg de søde peberfrugter på en tallerken. Stil grøntsagerne til side til afkøling.

2. I en stor stegepande opvarmes olie over medium-høj varme, indtil den skinner. Dup flæskesteg tør med rene køkkenruller og tilsæt til stegepande. Kog indtil godt brunet på alle sider, drej stegen for jævn bruning. Overfør stegen til et fad. Reducer varmen til medium. Tilføj løg til stegepanden; kog og rør i 5 til 6 minutter eller indtil de er gyldne. Tilsæt hvidløg; kog 1 minut mere. Fjern panden fra varmen.

3. Forvarm ovnen til 350 ° F. Til tomatillosaucen kombineres tomatillos, serranos og jalapeños i en foodprocessor eller blender. Dæk og blend eller bearbejd indtil glat; tilsæt løg i stegepande. Varm panden op igen. Bring i kog; kog 4 til 5 minutter, eller indtil blandingen er mørk og tyk. Tilsæt vand, citronsaft og koriander.

4. Fordel tomatillosauce i en lav bradepande eller et rektangulært 3-liters bradefad. Læg flæskestegen i saucen. Dæk tæt med aluminiumsfolie. Steg i 40 til 45 minutter, eller indtil et øjeblikkeligt termometer indsat i midten af stegen viser 140 °F.

5. Skær de søde peberfrugter i strimler. Tilsæt tomatillosaucen til gryden. Opbevares løst med aluminiumsfolie; lad det hvile i 10 minutter. Skær kødet; rør sauce. Server skiveskåret svinekød generøst dækket med tomatillosauce.

ABRIKOSFYLDT SVINEMØRBRAD

LEKTIER:20 minutters stegning: 45 minutters hvile: 5 minutter Udbytte: 2 til 3 portioner

2 mellemstore friske abrikoser, groft hakkede
2 spsk usvovlede rosiner
2 spsk hakkede valnødder
2 tsk revet frisk ingefær
¼ tsk stødt kardemomme
1 12-ounce svinekam
1 spsk olivenolie
1 spsk Dijon-stil sennep (se opskrift)
¼ tsk sort peber

1. Forvarm ovnen til 375 ° F. Beklæd en bageplade med aluminiumsfolie; læg en bagerist på bagepladen.

2. Bland abrikoser, rosiner, valnødder, ingefær og kardemomme i en lille skål.

3. Lav en langsgående skæring ned i midten af svinekødet, skær ½ tomme fra den anden side. Sommerfugl til at åbne. Læg svinekød mellem to lag husholdningsfilm. Med den flade side af en kødhammer banker du let kødet, indtil det er 1,5 cm tykt. Fold enden af halen over for at lave et jævnt rektangel. Pisk let i kødet for at opnå en jævn tykkelse.

4. Fordel abrikosblandingen over svinekød. Start i den smalle ende og rul svinekødet sammen. Bind med køkkengarn af 100 % bomuld, først i midten,

derefter med 1-tommers mellemrum. Læg stegen på en rist.

5. Bland olivenolie og sennep i Dijon-stil; pensl over stegen. Drys stegen med peber. Steg i 45 til 55 minutter, eller indtil et øjeblikkeligt termometer indsat i midten af stegen registrerer 140 ° F. Lad hvile 5 til 10 minutter før udskæring.

URTESKORPET SVINEMØRBRAD MED SPRØD HVIDLØGSOLIE

LEKTIER:15 minutters stegning: 30 minutters tilberedning: 8 minutters hvile: 5 minutter giver: 6 portioner

⅓ kop Dijon-stil sennep (se opskrift)
¼ kop revet frisk persille
2 spsk revet frisk timian
1 spsk revet frisk rosmarin
½ tsk sort peber
2 12-ounce svinemørbrad
½ kop olivenolie
¼ kop hakket frisk hvidløg
¼ til 1 tsk knust rød peberfrugt

1. Forvarm ovnen til 450 ° F. Beklæd en bageplade med aluminiumsfolie; læg en bagerist på bagepladen.

2. Bland sennep, persille, timian, rosmarin og sort peber i en lille skål for at lave en pasta. Fordel senneps-urteblandingen over toppen og siderne af svinekødet. Overfør svinekød til grill til steg. Sæt stegen i ovnen; sænk temperaturen til 375°F. Steg i 30 til 35 minutter, eller indtil et termometer med øjeblikkelig aflæsning indsat i midten af stegen registrerer 140 ° F. Lad hvile 5 til 10 minutter før udskæring.

3. I mellemtiden, til hvidløgsolien, kombineres olivenolie og hvidløg i en lille gryde. Kog over medium-lav varme i 8 til 10 minutter, eller indtil

hvidløg er gyldne og begynder at blive sprøde (lad ikke hvidløg brænde). Fjern fra varmen; tilsæt stødt rød peber. Skær svinekødet; dryp hvidløgsolie over skiver inden servering.

INDISK KRYDRET SVINEKØD MED KOKOSSAUCE

START TIL SLUT: 20 minutter gør: 2 portioner

3 tsk karrypulver
2 tsk usaltet garam masala
1 tsk stødt spidskommen
1 tsk stødt koriander
1 12-ounce svinekam
1 spsk olivenolie
½ kop almindelig kokosmælk (såsom Nature's Way)
¼ kop strimlet frisk koriander
2 spsk friskhakket mynte

1. I en lille skål blandes 2 teskefulde karrypulver, garam masala, spidskommen og koriander sammen. Skær svinekød i ½ tomme tykke skiver; drys med krydderier..

2. I en stor stegepande opvarmes olivenolie over medium varme. Tilføj svinekød skiver til stegepande; kog 7 minutter, vend én gang. Fjern svinekød fra stegepanden; dække for at holde varmen. Til saucen, tilsæt kokosmælken og den resterende teskefuld karry til gryden, mens du rører for at skrabe eventuelle bidder op. Kog ved lav varme i 2 til 3 minutter. Tilsæt koriander og mynte. Tilføj svinekød; kog indtil gennemvarmet, hæld sauce over svinekød.

SVINEKØD SCALOPPINI MED ÆBLER OG KRYDREDE KASTANJER

LEKTIER: 20 minutters kogning: 15 minutters udbytte: 4 portioner

- 2 12-ounce svinemørbrad
- 1 spsk løgpulver
- 1 spsk hvidløgspulver
- ½ tsk sort peber
- 2 til 4 spiseskefulde olivenolie
- 2 Fuji eller Pink Lady æbler, skrællet, udkernet og groft hakket
- ¼ kop finthakkede skalotteløg
- ¾ tsk stødt kanel
- ⅛ teskefuld malet nelliker
- ⅛ teskefuld stødt muskatnød
- ½ kop kyllingebensbouillon (se opskrift) eller hønsebouillon uden salt
- 2 spsk frisk citronsaft
- ½ kop skrællede, hakkede* ristede kastanjer eller hakkede valnødder
- 1 spsk revet frisk salvie

1. Skær mørbrad på bias i ½ tomme tykke skiver. Læg flæskeskiverne mellem to plader plastfolie. Med den flade side af en kødhammer, stød til det er fint. Drys skiver med løgpulver, hvidløgspulver og sort peber.

2. I en stor stegepande opvarmes 2 spsk af olivenolien over medium varme. Kog svinekød i portioner i 3 til 4 minutter, vend én gang og tilsæt olie, hvis det er nødvendigt. Overfør svinekød til en tallerken; dække og holde varmen.

3. Øg varmen til medium-høj. Tilsæt æbler, skalotteløg, kanel, nelliker og muskatnød. Kog og rør i 3 minutter. Tilsæt kyllingebensbouillon og citronsaft. Dæk til og kog i 5 minutter. Fjern fra varmen; tilsæt kastanjer og salvie. Server æbleblandingen over svinekødet.

*Bemærk: For at riste kastanjer skal du forvarme ovnen til 400 ° F. Skær et X i den ene side af kastanjeskallen. Dette vil tillade skallen at løsne sig, mens den koger. Læg kastanjerne på en bageplade og rist i 30 minutter eller indtil skallen skiller sig fra nødden og nødderne er møre. Pak de ristede kastanjer ind i et rent køkkenrulle. Skræl skallerne og skindet af den gullig-hvide valnød.

SAUTERET SVINEKØD FAJITAS

LEKTIER: 20 minutters tilberedningstid: 22 minutters udbytte: 4 portioner

1 pund svinekam, skåret i 2-tommers strimler

3 spiseskefulde fajita-krydderi uden salt eller mexicansk krydderi (se opskrift)

2 spsk olivenolie

1 lille løg, skåret i tynde skiver

½ af en rød peberfrugt, frøet og skåret i tynde skiver

½ af en sød appelsin peberfrugt, kernet og skåret i tynde skiver

1 jalapeno, stilket og skåret i tynde skiver (se vippe) (Valgfrit)

½ tsk spidskommen frø

1 kop friske svampe i tynde skiver

3 spsk frisk citronsaft

½ kop frisk koriander skåret i strimler

1 avocado, frøet, skrællet og skåret i tern

Ønsket sauce (se opskrifter)

1. Drys svinekød med 2 spsk fajita-krydderi. I en ekstra stor stegepande opvarmes 1 spsk af olien over medium-høj varme. Tilsæt halvdelen af svinekødet; kog og rør rundt i cirka 5 minutter eller indtil den ikke længere er lyserød. Overfør kødet til en skål og dæk til for at holde det varmt. Gentag med resten af olien og svinekødet.

2. Skru varmen til medium. Tilsæt resterende 1 spsk fajita-krydderi, løg, peberfrugt, jalapeno og spidskommen. Kog og rør rundt i cirka 10 minutter, eller indtil grøntsagerne er møre. Kom alt kødet og eventuelt ophobet saft tilbage i gryden. Tilsæt svampe og citronsaft. Kog indtil det er helt varmt. Fjern stegepanden fra varmen; tilsæt koriander. Server med avocado og den ønskede sauce.

SVINEMØRBRAD MED PORTVIN OG SVESKER

LEKTIER:10 minutters stegning: 12 minutters hvile: 5 minutters udbytte: 4 portioner

PORTVIN ER EN GENERØS VIN,HVILKET BETYDER, AT EN SPIRITUS, DER LIGNER BRANDY, TILSÆTTES FOR AT STOPPE GÆRINGSPROCESSEN. DET BETYDER, AT DEN INDEHOLDER MERE RESTSUKKER END RØD BORDVIN OG SMAGER DERFOR SØDERE. DET ER IKKE NOGET MAN HAR LYST TIL AT DRIKKE HVER DAG, MEN LIDT AT LAVE MAD MED EN GANG IMELLEM ER FINT.

2 12-ounce svinemørbrad

2½ tsk stødt koriander

¼ tsk sort peber

2 spsk olivenolie

1 skalotteløg, skåret i skiver

½ kop portvin

½ kop kyllingebensbouillon (se opskrift) eller hønsebouillon uden salt

20 udstenede tørrede blommer (svesker)

½ tsk stødt rød peber

2 tsk revet frisk estragon

1. Forvarm ovnen til 400 ° F. Drys svinekød med 2 teskefulde koriander og sort peber.

2. I en stor ovnfast stege varmes olivenolie op ved middelhøj varme. Kom mørbraderne i gryden. Kog indtil brunet på alle sider, vend til brun jævnt,

omkring 8 minutter. Sæt gryden i ovnen. Grill uden låg i cirka 12 minutter, eller indtil et termometer, der kan aflæses i midten af stegene, registrerer 140 ° F. Overfør mørbrad til skærebræt. Dæk løst med folie og lad hvile i 5 minutter.

3. I mellemtiden, til saucen, dræn fedtet fra stegepanden, og behold 1 spsk. Kog skalotteløget i det reserverede fedtstof i en stegepande over medium varme i cirka 3 minutter, eller indtil det er gyldent og mørt. Tilsæt portvin til panden. Bring i kog, under omrøring for at skrabe eventuelle brunede stykker op. Tilsæt kyllingebensbouillon, svesker, knust rød peber og den resterende ½ tsk koriander. Kog over medium-høj varme for at reducere lidt, omkring 1 til 2 minutter. Tilsæt estragon.

4. Skær svinekødet i skiver og server med svesker og sauce.

MOO SHU STYLE SVINEKØD KOPPER PÅ SALAT MED HURTIGE SYLTEDE GRØNTSAGER

START TIL SLUT: 45 minutter gør: 4 portioner

HVIS DU HAR SPIST EN TRADITIONEL MOO SHU-RETPÅ EN KINESISK RESTAURANT VED DU, AT DET ER ET VELSMAGENDE KØD- OG GRØNTSAGSFYLD, DER SPISES I TYNDE PANDEKAGER MED EN SØD BLOMME- ELLER HOISINSAUCE. DENNE LETTERE, FRISKERE PALEO-VERSION INDEHOLDER SVINEKØD, BOK CHOY OG SHIITAKE-SVAMPE SAUTERET MED INGEFÆR OG HVIDLØG OG NYDT PÅ SALATWRAPS MED SPRØDE SYLTEDE GRØNTSAGER.

SYLTEDE GRØNTSAGER
 1 kop julienerede gulerødder
 1 kop juliennedlagt daikon radise
 ¼ kop hakket rødløg
 1 kop usødet æblejuice
 ½ kop cidereddike

SVIN
 2 spsk olivenolie eller raffineret kokosolie
 3 æg, let pisket
 8 ounce svinekam, skåret i 2 × ½-tommer strimler
 2 tsk hakket frisk ingefær
 4 fed hvidløg, hakket
 2 kopper tyndt skåret napakål

1 kop tynde skiver shiitakesvampe

¼ kop tyndt skåret purløg

8 Boston salatblade

1. For hurtige syltede grøntsager, kombinere gulerødder, daikon og løg i en stor skål. Til saltlage, opvarm æblejuice og eddike i en gryde, indtil dampen stiger. Hæld saltlage over grøntsager i skål; Dæk til og stil på køl indtil servering.

2. I en stor stegepande opvarmes 1 spsk af olien over medium-høj varme. Pisk æggene let med et piskeris. Tilføj æg til stegepanden; kog uden omrøring, indtil den er sat på bunden, cirka 3 minutter. Brug en fleksibel spatel, vend forsigtigt ægget om og steg på den anden side. Tag ægget op af gryden og kom det i en skål.

3. Genopvarm stegepanden; tilsæt de resterende 1 spsk olie. Tilsæt svinestrimler, ingefær og hvidløg. Kog og rør ved medium-høj varme i cirka 4 minutter, eller indtil svinekødet ikke længere er lyserødt. Tilsæt kål og svampe; kog og rør rundt i cirka 4 minutter, eller indtil kål visner, svampe blødgøres, og svinekød er gennemstegt. Fjern panden fra varmen. Skær det kogte æg i strimler. Rør forsigtigt æggestrimlerne og purløg i svinekødsblandingen. Server på salatblade og top med syltede grøntsager.

SVINEKOTELETTER MED MACADAMIAS, SALVIE, FIGNER OG SØD KARTOFFELPURÉ

LEKTIER:15 minutters kogning: 25 minutters udbytte: 4 portioner

KOMBINERET MED SØD KARTOFFEL PURÉ,DISSE SAFTIGE KOTELETTER DÆKKET AF SALVIE ER ET PERFEKT EFTERÅRSMÅLTID, OG ET DER HURTIGT SAMLES, HVILKET GØR DET PERFEKT TIL EN TRAVL HVERDAG.

4 udbenet svinekam koteletter, skåret 1¼-tommer tykke

3 spsk strimlet frisk salvie

¼ tsk sort peber

3 spsk macadamianøddeolie

2 pund søde kartofler, skrællet og skåret i 1-tommers stykker

¾ kop hakkede macadamianødder

½ kop hakkede tørrede figner

⅓ kop oksebensbouillon (se opskrift) eller oksebouillon uden salt

1 spsk frisk citronsaft

1. Drys svinekoteletter på begge sider med 2 spsk hver af salvie og peber; gnide med fingrene. I en stor stegepande opvarmes 2 spsk af olien over medium varme. Tilføj koteletter til stegepanden; kog 15 til 20 minutter eller indtil kogt (145°F), vend én gang halvvejs gennem tilberedningen. Overfør koteletter til en tallerken; dække for at holde varmen.

2. Kombiner i mellemtiden søde kartofler og vand nok til at dække i en stor gryde. Bring i kog; reducere varmen. Læg låg på og lad det simre i 10 til 15 minutter, eller indtil kartoflerne er møre. Dræn kartoflerne. Tilsæt den resterende spiseskefuld macadamiaolie til kartoflerne og mos indtil cremet; holde varmen.

3. Til saucen tilsættes macadamianødderne i gryden; kog over medium varme indtil ristet. Tilsæt de tørrede figner og den resterende spiseskefuld salvie; kog i 30 sekunder. Tilsæt oksebensbouillon og citronsaft til gryden, mens du rører for at skrabe eventuelle brunede stykker op. Hæld sauce over svinekoteletter og server med sød kartoffelpuré.

PANDERISTEDE ROSMARIN LAVENDEL SVINEKOTELETTER MED DRUER OG RISTEDE VALNØDDER

LEKTIER:10 minutters stegning: 6 minutters stegning: 25 minutters udbytte: 4 portioner

RIST DRUERNE SAMMEN MED SVINEKOTELETTERNEINTENSIVERER DENS SMAG OG SØDME. SAMMEN MED SPRØDE RISTEDE VALNØDDER OG EN SJAT FRISK ROSMARIN UDGØR DE ET VIDUNDERLIGT SUPPLEMENT TIL DISSE SOLIDE KOTELETTER.

- 2 spsk frisk rosmarin skåret i strimler
- 1 spsk frisk skåret lavendel
- ½ tsk hvidløgspulver
- ½ tsk sort peber
- 4 koteletter af svinekam, skåret 1¼-tommer tykt (ca. 3 pund)
- 1 spsk olivenolie
- 1 stor skalotteløg, skåret i tynde skiver
- 1½ kop røde og/eller grønne druer uden kerner
- ½ kop tør hvidvin
- ¾ kop grofthakkede valnødder
- frisk skåret rosmarin

1. Forvarm ovnen til 375 ° F. I en lille skål kombineres 2 spiseskefulde hver rosmarin, lavendel, hvidløgspulver og peber. Gnid urteblandingen jævnt ind i svinekoteletterne. I en ekstra stor

ovnfast stege varmes olivenolie op over medium varme. Tilføj koteletter til stegepanden; kog 6 til 8 minutter eller indtil brunet på begge sider. Overfør koteletter til en tallerken; dæk med alufolie.

2. Tilsæt skalotteløg i gryden. Kog og rør ved middel varme i 1 minut. Tilsæt druer og vin. Kog ca. 2 minutter mere, under omrøring for at skrabe eventuelle brunede stykker op. Kom svinekoteletterne tilbage i gryden. Sæt stegepanden i ovnen; grill i 25 til 30 minutter, eller indtil koteletterne er færdige (145°F).

3. Fordel imens valnødderne i en lav bradepande. Tilføj til ovn med koteletter. Grill cirka 8 minutter eller indtil ristet, rør en gang for at riste jævnt.

4. Til servering toppes svinekoteletter med ristede druer og valnødder. Drys med yderligere frisk rosmarin.

SVINEKOTELETTER ALLA FIORENTINA MED RISTET BROCCOLI RABE

LEKTIER: 20 minutter grill: 20 minutter marinade: 3 minutter udbytte: 4 portioner<u>FOTO</u>

ALLA FIORENTINADET BETYDER I BUND OG GRUND "I STIL MED FIRENZE." DENNE OPSKRIFT ER I BISTECCA ALLA FIORENTINA-STIL, EN TOSCANSK RIBEYE GRILLET OVER EN BRÆNDEOVN MED DE ENKLESTE AROMAER, NORMALT KUN OLIVENOLIE, SALT, SORT PEBER OG ET SKVAT FRISK CITRON TIL SLUT.

1 pund broccoli rabe

1 spsk olivenolie

4 6 til 8 ounce udbenede svinekam koteletter, skåret 1½ til 2 tommer tykke

Grovkværnet sort peber

1 citron

4 fed hvidløg, skåret i tynde skiver

2 spsk frisk rosmarin skåret i strimler

6 friske salvieblade, hakket

1 tsk knuste røde peberflager (eller efter smag)

½ kop olivenolie

1. I en stor gryde blancheres broccoli rabe i kogende vand i 1 minut. Overfør straks til en skål med isvand. Når den er afkølet, drænes broccolien på en bageplade beklædt med køkkenrulle, og tør så meget som muligt med ekstra køkkenrulle. Fjern

papirhåndklæderne fra bagepladen. Dryp broccoli rabe med 1 spsk olivenolie, vend til belægning; sæt til side, indtil den skal grilles.

2. Drys begge sider af svinekoteletterne med groftkværnet peber; sæt til side. Brug en grøntsagsskræller til at fjerne skalstrimlerne fra citronen (gem citronen til anden brug). Fordel strimler af citronskal, snittet hvidløg, rosmarin, salvie og knust rød peber på et stort fad; sæt til side.

3. For en kulgrill skal du flytte de fleste kul til den ene side af grillen, og efterlade nogle kul under den anden side af risten. Steg koteletterne direkte over kullene i 2 til 3 minutter, eller indtil der dannes en brun skorpe. Vend koteletterne og svits på den anden side i yderligere 2 minutter. Flyt koteletterne til den anden side af grillen. Dæk til og grill i 10 til 15 minutter eller indtil gennemstegt (145°F). (For en gasgrill, forvarm grillen; reducer varmen på den ene side af grillen til medium. Steg koteletter som ovenfor ved høj varme. Flyt til siden af grillen over medium varme; fortsæt som ovenfor).

4. Overfør koteletter til panden. Dryp koteletter med ½ kop olivenolie, vend for at dække begge sider. Lad koteletterne marinere i 3 til 5 minutter før servering, vend en eller to gange for at tilføre kødet smagen af citronskal, hvidløg og krydderurter.

5. Mens koteletterne hviler, griller du broccoli-raben, så den er let forkullet og varm. Anret broccoli-raben

på en tallerken med svinekoteletterne; Hæld lidt af marinaden over hver kotelet og broccoli inden servering.

ESCAROLE FYLDTE SVINEKOTELETTER

LEKTIER:20 minutters kogning: 9 minutter Udbytte: 4 portioner

ESCAROLE KAN SPISES SOM EN GRØN SALAT.ELLER SAUTERES LET MED HVIDLØG I OLIVENOLIE FOR EN HURTIG PYNT. HER, KOMBINERET MED OLIVENOLIE, HVIDLØG, SORT PEBER, STØDT RØD PEBER OG CITRON, ER DET ET SMUKT, LYSEGRØNT FYLD TIL SAFTIGE PANDESTEGTE SVINEKOTELETTER.

- 4 6 til 8 ounce udbenede svinekoteletter, skåret ¾-tommer tykke
- ½ mellemstor endivie, finthakket
- 4 spiseskefulde olivenolie
- 1 spsk frisk citronsaft
- ¼ tsk sort peber
- ¼ tsk stødt rød peber
- 2 store fed hvidløg, hakket
- Olivenolie
- 1 spsk revet frisk salvie
- ¼ tsk sort peber
- ⅓ kop tør hvidvin

1. Brug en skærekniv til at skære en dyb lomme, omkring 2 tommer bred, i den buede side af hver svinekotelet; sæt til side.

2. Kombiner escarole, 2 spsk olivenolie, citronsaft, ¼ tsk sort peber, knust rød peber og hvidløg i en stor

skål. Fyld hver kotelet med en fjerdedel af blandingen. Pensl koteletter med olivenolie. Drys med salvie og ¼ tsk kværnet sort peber.

3. I en ekstra stor stegepande opvarmes de resterende 2 spsk olivenolie over medium-høj varme. Steg svinekødet i 4 minutter på hver side, indtil det er brunet. Overfør koteletter til en tallerken. Tilsæt vinen til gryden, og skrab eventuelle brunede stykker op. Reducer pandesaft i 1 minut.

4. Dryp koteletter med pandesaft inden servering.

RØGET BABYRIBS MED ÆBLE-SENNEP MOPASAUCE

FORDYBE:1 times hvile: 15 minutter rygning: 4 timers madlavning: 20 minutter giver: 4 portioner<u>FOTO</u>

DEN RIGE SMAG OG KØDFULDE TEKSTUR.AF RØGEDE RIBBEN KRÆVER NOGET FRISK OG SPRØDT AT GÅ TIL. NÆSTEN ENHVER SALAT DUER, MEN FENNIKELSALAT (SE<u>OPSKRIFT</u>OG PÅ BILLEDET<u>HER</u>), ER ISÆR GOD.

RIBBEN
  8 til 10 stykker æble- eller valnøddetræ
  3 til 3½ pund babybagribben
  ¼ kop røget krydderi (se<u>opskrift</u>)

DIP
  1 mellemstegt æble, skrællet, udkeret og skåret i tynde skiver
  ¼ kop hakket løg
  ¼ kop vand
  ¼ kop cidereddike
  2 spiseskefulde Dijon-stil sennep (se<u>opskrift</u>)
  2 til 3 spiseskefulde vand

  1. Læg træflis i blød i vand nok til at dække mindst 1 time før røgtilberedning. Tøm før brug. Trim synligt fedt fra ribbenene. Fjern eventuelt den tynde hinde fra bagsiden af ribbenene. Læg ribbenene i en stor lav gryde. Drys jævnt med røgkrydderi; gnide med fingrene. Lad stå ved stuetemperatur i 15 minutter.

  2. Anbring forvarmede kul, drænede træflis og vandspande i en ryger i henhold til producentens

anvisninger. Hæld vand i gryden. Læg ribbenene med bensiden nedad på grillen over en vandpande. (Eller placer ribbenene på en ribbenstativ; placer ribbenstativet på grillen.) Dæk til og ryg i 2 timer. Hold en temperatur på omkring 225°F i rygeren, hele tiden du ryger. Tilføj mere trækul og vand efter behov for at opretholde temperatur og fugtighed.

3. I mellemtiden, til moppesaucen, kombineres æbleskiver, løg og ¼ kop vand i en lille gryde. Bring i kog; reducere varmen. Lad det simre, tildækket, i 10 til 12 minutter, eller indtil æbleskiverne er meget møre, under omrøring af og til. Lad afkøle lidt; overfør udrænet æble og løg til en foodprocessor eller blender. Dæk til og bearbejd eller blend indtil glat. Kom pureen tilbage i gryden. Tilsæt eddike og sennep i Dijon-stil. Kog over medium-lav varme i 5 minutter, omrør lejlighedsvis. Tilsæt 2 til 3 spiseskefulde vand (eller mere efter behov) for at gøre saucen til konsistensen af en vinaigrette. Del saucen i tre.

4. Efter 2 timer pensles ribbenene rigeligt med en tredjedel af moppesaucen. Dæk og ryg 1 time mere. Pensl igen med endnu en tredjedel af moppesaucen. Pak hvert stykke ribben ind i kraftig folie og læg ribbenene tilbage i rygeren, og læg dem evt. oven på hinanden. Dæk til og ryg i yderligere 1 til 1½ time, eller indtil ribbenene er møre. *

5. Pak ribbenene ud og pensl med den resterende tredjedel af moppesaucen. Skær ribbenene mellem benene til servering.

*Tip: For at teste ribbens mørhed skal du forsigtigt fjerne folien fra en af ribbens plader. Løft ribbenpladen med en tang, og hold pladen i den øverste fjerdedel af pladen. Vend ribbenspladen om, så den kødfulde side vender nedad. Hvis ribbenene er møre, skal pladen begynde at falde fra hinanden, når den løftes. Hvis den ikke er mør, så pak den ind igen i folie og fortsæt med at ryge ribbenene, indtil de er møre.

BAGT BBQ SVINEKØD RIBBEN MED FRISK ANANAS SALAT SALAT

LEKTIER:20 minutters tilberedning: 8 minutters bagning: 1 time 15 minutter udbytte: 4 portioner

SPARERIBS I LANDLIG STIL ER KØDFULDE,BILLIG, OG HVIS DE BEHANDLES PÅ DEN RIGTIGE MÅDE, SOM SIMRING OG LANGSOM MADLAVNING I MASSER AF BBQ-SAUCE, BLIVER DE BLØDE TIL ET SMELTEPUNKT.

2 pund udbenede spareribs i landlig stil

¼ tsk sort peber

1 spsk raffineret kokosolie

½ kop frisk appelsinjuice

1½ dl BBQ sauce (se opskrift)

3 kopper strimlet grøn- og/eller rødkål

1 kop revet gulerødder

2 kopper ananas finthakket

⅓ kop lys citrusvinaigrette (se opskrift)

BBQ sauce (se opskrift) (Valgfrit)

1. Forvarm ovnen til 350 ° F. Drys svinekød med peber. I en ekstra stor stegepande opvarmes kokosolien over medium-høj varme. Tilføj svineribbe; kog 8 til 10 minutter eller indtil brunet, vend for jævn bruning. Placer ribbenene i en 3-quart rektangulær bradepande.

2. Til saucen, tilsæt appelsinjuice til gryden under omrøring for at skrabe eventuelle brunede stykker

op. Tilsæt 1½ kop BBQ sauce. Hæld saucen over ribbenene. Vend ribbenene for at overtrække med sauce (anvend eventuelt wienerbrødsbørste til at pensle sauce over ribbenene). Dæk bageformen tæt med alufolie.

3. Bag ribben i 1 time. Fjern folien og pensl ribbenene med sauce fra en bageplade. Bages i cirka 15 minutter mere, eller indtil ribbenene er møre og gyldenbrune, og saucen er tyknet lidt.

4. Til ananassalaten kombineres i mellemtiden kål, gulerødder, ananas og lyse citrusvinaigrette. Dæk til og stil på køl indtil serveringstid.

5. Server ribben med salat og, hvis det ønskes, yderligere BBQ sauce.

KRYDRET SVINEGRYDERET

LEKTIER:20 minutters kogning: 40 minutters udbytte: 6 portioner

DENNE GRYDERET I UNGARSK STIL SERVERESPÅ EN SENG AF SPRØD, KNAP VISNET KÅL TIL ET MÅLTID MED ÉN RET. KNUS KOMMENFRØENE I EN MORTER OG STØDER, HVIS DU HAR EN GOD HÅND. HVIS IKKE, SÅ KNUS DEM UNDER DEN BREDE SIDE AF EN KOKKEKNIV VED FORSIGTIGT AT TRYKKE NED PÅ KNIVEN MED DIN KNYTNÆVE.

GULASCH
   1½ pund hakket svinekød
   2 kopper hakket rød, orange og/eller gul sød peberfrugt
   ¾ kop finthakket rødløg
   1 lille frisk rød chili, frøet og finthakket (se vippe)
   4 tsk røget krydderi (se opskrift)
   1 tsk kommenfrø, knust
   ¼ teskefuld malet merian eller oregano
   1 14-ounce dåse uden salt tilsat tomater i tern, udrænet
   2 spsk rødvinseddike
   1 spsk fintrevet citronskal
   ⅓ kop revet frisk persille

KÅL
   2 spsk olivenolie
   1 mellemstor løg, skåret i skiver

1 grøn eller lilla kål, udkernet og skåret i tynde skiver

1. Til gullaschen tilberedes i en stor hollandsk ovn hakket svinekød, peberfrugt og løg ved middelhøj varme i 8 til 10 minutter, eller indtil svinekødet ikke længere er lyserødt, og grøntsagerne er møre og sprøde under omrøring med en træske . at bryde kødet. Dræn fedtet. Reducer varmen til lav; tilsæt rød chili, røgkrydderi, kommenfrø og merian. Dæk til og kog i 10 minutter. Tilsæt udrænede tomater og eddike. Bring i kog; reducere varmen. Lad det simre, tildækket, i 20 minutter.

2. I mellemtiden, for kål, i en ekstra stor stegepande, opvarm olie over medium varme. Tilsæt løget og steg indtil det er blødt, cirka 2 minutter. Tilsæt kål; rør for at kombinere. Reducer varmen til lav. Kog ca. 8 minutter, eller indtil kålen er mør, under omrøring af og til.

3. Til servering hældes lidt af kålblandingen ud på en tallerken. Top med gullasch og drys med citronskal og persille.

ITALIENSK PØLSE FRIKADELLE MARINARA MED FENNIKELSKIVER OG SAUTERET LØG

LEKTIER:30 minutters bagning: 30 minutters tilberedning: 40 minutter Udbytte: 4 til 6 portioner

DENNE OPSKRIFT ER ET SJÆLDENT EKSEMPELAF ET DÅSEPRODUKT, DER FUNGERER LIGE SÅ GODT SOM, HVIS IKKE BEDRE, END DEN FRISKE VERSION. MEDMINDRE DU HAR TOMATER, DER ER MEGET, MEGET MODNE, FÅR DU IKKE SÅ GOD KONSISTENS I EN SAUCE MED FRISKE TOMATER, SOM DU KAN MED DÅSETOMATER. BARE SØRG FOR AT BRUGE ET PRODUKT UDEN TILSAT SALT, OG ENDNU BEDRE, ØKOLOGISK.

DUMPLINGS
  2 store æg
  ½ kop mandelmel
  8 hakkede fed hvidløg
  6 spsk tør hvidvin
  1 spsk paprika
  2 teskefulde sort peber
  1 tsk fennikelfrø, let knust
  1 tsk tørret oregano, knust
  1 tsk tørret timian, stødt
  ¼ til ½ tsk cayennepeber
  1½ pund hakket svinekød

MARINARA

2 spsk olivenolie

2 15-ounce dåser uden salt-tilsat knuste tomater eller en 28-ounce dåse uden salt-tilsat knuste tomater

½ kop hakket frisk basilikum

3 mellemstore fennikelløg, halveret, udkernet og skåret i tynde skiver

1 stort sødt løg, halveret og skåret i tynde skiver

1. Forvarm ovnen til 375 ° F. Beklæd en stor bageplade med bageplade med bagepapir; sæt til side. Bland i en stor skål æg, mandelmel, 6 hakkede fed hvidløg, 3 spsk vin, paprika, 1 ½ tsk sort peber, fennikelfrø, oregano, timian og cayennepeber. Tilføj svinekød; bland godt. Form svinekødsblandingen til 1½-tommer frikadeller (du skal have omkring 24 frikadeller); læg i et enkelt lag på den forberedte bageplade. Bages i cirka 30 minutter, eller indtil de er let gyldne, vend én gang under bagningen.

2. Imens opvarmes 1 spsk olivenolie til marinara-saucen i en 4 til 6 liter hollandsk ovn. Tilsæt de resterende 2 hakkede fed hvidløg; kog ca. 1 minut eller indtil lige begyndt at brune. Tilsæt hurtigt de resterende 3 spiseskefulde vin, knuste tomater og basilikum. Bring i kog; reducere varmen. Lad det simre uden låg i 5 minutter. Rør forsigtigt de kogte frikadeller i marinarasaucen. Dæk til og kog over lav varme i 25 til 30 minutter.

3. I mellemtiden opvarmes den resterende 1 spsk olivenolie i en stor stegepande over middel varme. Tilsæt snittet fennikel og løg. Kog 8 til 10 minutter

eller indtil de er møre og let brunede, under jævnlig omrøring. Smag til med den resterende ½ tsk sort peber. Server frikadellerne og marinarasaucen over fennikel- og løgrøre.

ZUCCHINIBÅDE FYLDT MED SVINEKØD MED BASILIKUM OG PINJEKERNER

LEKTIER:20 minutters tilberedning: 22 minutters bagning: 20 minutters udbytte: 4 portioner

BØRN VIL ELSKE DENNE SJOVE RET.UDHULET ZUCCHINI FYLDT MED HAKKET SVINEKØD, TOMATER OG SØD PEBER. HVIS DET ØNSKES, TILSÆT 3 SPSK BASILIKUMPESTO (SE<u>OPSKRIFT</u>) I STEDET FOR FRISK BASILIKUM, PERSILLE OG PINJEKERNER.

2 mellemstore zucchini

1 spsk ekstra jomfru olivenolie

12 ounce hakket svinekød

¾ kop hakket løg

2 hakkede fed hvidløg

1 kop hakkede tomater

⅔ kop finthakket gul eller orange peberfrugt

1 tsk fennikelfrø, let knust

½ tsk knuste røde peberflager

¼ kop hakket frisk basilikum

3 spsk frisk persille skåret i strimler

2 spsk ristede pinjekerner (se<u>vippe</u>) og hakkes groft

1 tsk fintrevet citronskal

1. Forvarm ovnen til 350 ° F. Skær zucchini i halve på langs og skrab forsigtigt ned i midten, så der efterlades ¼ tomme tykt skind. Hak zucchinikødet

groft og gem det. Læg courgettehalvdelene med de afskårne sider opad på en foliebeklædt bageplade.

2. Til fyldet opvarmes olivenolien ved middelhøj varme i en stor stegepande. Tilsæt hakket svinekød; kog indtil det ikke længere er rosa, rør med en træske for at bryde kødet op. Dræn fedtet. Reducer varmen til medium. Tilføj reserveret zucchini frugtkød, løg og hvidløg; kog og rør omkring 8 minutter eller indtil løget er blødt. Tilsæt tomater, peberfrugt, fennikelfrø og knust rød peberfrugt. Kog i cirka 10 minutter, eller indtil tomaterne er bløde og begynder at bryde ned. Fjern panden fra varmen. Tilsæt basilikum, persille, pinjekerner og citronskal. Fordel fyldet mellem squashskallene og lav en lille bunke. Bag i 20 til 25 minutter, eller indtil squashskind er sprøde-møre.

KARRIED SVINEKØD ANANAS NUDLESKÅLE MED KOKOSMÆLK OG URTER

LEKTIER:30 minutters tilberedning: 15 minutters bagning: 40 minutters udbytte: 4 portioner<u>FOTO</u>

- 1 stor spaghetti squash
- 2 spsk raffineret kokosolie
- 1 pund hakket svinekød
- 2 spsk finthakket purløg
- 2 spsk frisk limesaft
- 1 spsk hakket frisk ingefær
- 6 fed hvidløg, hakket
- 1 spsk hakket citrongræs
- 1 spiseskefuld thai-stil uden salt-tilsat rød karry
- 1 kop hakket rød peberfrugt
- 1 kop hakket løg
- ½ kop julienerede gulerødder
- 1 baby bok choy, skåret i skiver (3 kopper)
- 1 kop skåret friske svampe
- 1-2 thailandske fugle chili, skåret i tynde skiver (se<u>vippe</u>)
- 1 13,5-ounce dåse almindelig kokosmælk (såsom Nature's Way)
- ½ kop kyllingebensbouillon (se<u>opskrift</u>) eller hønsebouillon uden salt
- ¼ kop frisk ananasjuice

3 spsk usaltet cashew smør uden tilsat olie

1 kop frisk ananas i tern i tern

Citronskiver

Frisk koriander, mynte og/eller thaibasilikum

Hakkede ristede cashewnødder

1. Forvarm ovnen til 400 ° F. Mikrobølge spaghetti squash på høj i 3 minutter. Skær forsigtigt squashen i halve på langs og skrab frøene ud. Gnid 1 spsk kokosolie over de afskårne sider af squashen. Læg squashhalvdelene med de afskårne sider nedad på en bageplade. Bag i 40 til 50 minutter, eller indtil squashen nemt kan gennembores med en kniv. Brug tænderne på en gaffel til at skrabe kødet fra skallerne og holde det varmt indtil servering.

2. Kombiner i mellemtiden svinekød, spidskål, limesaft, ingefær, hvidløg, citrongræs og karrypulver i en mellemstor skål; bland godt. I en ekstra stor stegepande opvarmes den resterende 1 spsk kokosolie over medium-høj varme. Tilføj svinekød blanding; kog indtil det ikke længere er rosa, rør med en træske for at bryde kødet op. Tilsæt peberfrugt, løg og gulerod; kog og rør rundt i cirka 3 minutter, eller indtil grøntsagerne er sprøde-møre. Tilsæt bok choy, svampe, chili, kokosmælk, kyllingebensbouillon, ananasjuice og cashewsmør. Bring i kog; reducere varmen. Tilføj ananas; lad det simre uden låg, indtil det er gennemvarmet.

3. For at servere fordeles spaghetti-squashen mellem fire serveringsskåle. Server svinekarryen over

græskarret. Server med citronbåde, krydderurter og cashewnødder.

KRYDREDE GRILLEDE FLÆSKEBRØD MED KRYDRET AGURKESALAT

LEKTIER: 30 minutter på grillen: 10 minutter hvile: 10 minutter Udbytte: 4 portioner

DEN SPRØDE AGURKESALATSMAG TIL MED FRISK MYNTE ER DET ET FORFRISKENDE OG FORFRISKENDE SUPPLEMENT TIL KRYDREDE SVINEBURGERE.

⅓ kop olivenolie

¼ kop hakket frisk mynte

3 spsk hvidvinseddike

8 hakkede fed hvidløg

¼ tsk sort peber

2 mellemstore agurker, skåret meget tynde

1 lille løg, skåret i tynde skiver (ca. ½ kop)

1¼ til 1½ pund hakket svinekød

¼ kop hakket frisk koriander

1 til 2 friske mellemstore jalapeño eller serrano chili, frøet (hvis det ønskes) og finthakket (sevippe)

2 mellemstore røde peberfrugter, frøet og delt i kvarte

2 teskefulde olivenolie

1. I en stor skål kombineres ⅓ kop olivenolie, mynte, eddike, 2 hakkede fed hvidløg og sort peber. Tilsæt snittede agurker og løg. Bland indtil godt dækket. Dæk til og afkøl indtil servering, rør en eller to gange.

2. Kombiner svinekød, koriander, chili og de resterende 6 hakkede fed hvidløg i en stor skål. Form til fire ¾-tommer tykke bøffer. Pensl peberkvarterne let med de 2 tsk olivenolie.

3. Til en kul- eller gasgrill placeres frikadeller og peberfrugtkvarterer direkte over medium varme. Dæk til og steg, indtil et termometer, der er sat ind i siderne af flæskebøfferne, registrerer 160°F, og peberfjerdingerne er møre og let forkullede, og vend frikadellerne og peberkværne en gang halvvejs gennem stegningen. Tillad 10-12 minutter til frikadeller og 8-10 minutter til peberkvarte.

4. Når peberkvarterne er færdige, pakkes de ind i et stykke alufolie for at omslutte dem helt. Lad sidde i cirka 10 minutter, eller indtil den er kølig nok til at håndtere. Fjern forsigtigt skindet fra peberfrugterne med en skarp kniv. Skær peberfrugterne fint på langs.

5. Til servering blandes agurkesalaten sammen og fordeles jævnt på fire store serveringsplader. Tilføj en svinekødspatty til hver tallerken. Stabel de røde peberskiver jævnt oven på bøfferne.

ZUCCHINI CRUST PIZZA MED SOLTØRRET TOMATPESTO, SØD PEBER OG ITALIENSK PØLSE

LEKTIER:30 minutters tilberedning: 15 minutters bagning: 30 minutters udbytte: 4 portioner

DETTE ER EN KNIV OG GAFFEL PIZZA.SØRG FOR AT PRESSE PØLSEN OG PEBERFRUGTEN LET NED I DEN PESTOBELAGTE SKORPE, SÅ TOPPINGS KLÆBER NOK SAMMEN TIL, AT PIZZAEN SKÆRER PERFEKT.

2 spsk olivenolie

1 spsk fintmalede mandler

1 stort æg, let pisket

½ kop mandelmel

1 spsk revet frisk oregano

¼ tsk sort peber

3 fed hvidløg, hakket

3½ kopper revet zucchini (2 mellemstore)

Italiensk pølse (se opskrift, nedenfor)

1 spsk ekstra jomfru olivenolie

1 sød peberfrugt (gul, rød eller halvdelen hver), frøet og skåret i meget tynde strimler

1 lille løg, skåret i tynde skiver

Soltørret tomatpesto (se opskrift, nedenfor)

1. Forvarm ovnen til 425 ° F. Pensl en 12-tommer pizzapande med 2 spiseskefulde olivenolie. Drys med malede mandler; sæt til side.

2. Til bunden kombineres æg, mandelmel, oregano, sort peber og hvidløg i en stor skål. Læg den revne zucchini på et rent håndklæde eller et stykke osteklæde. pak godt ind

RØGET LAMMELÅR MED CITRON OG KORIANDER MED GRILLEDE ASPARGES

FORDYBE:30 minutter at forberede: 20 minutter at grille: 45 minutter at hvile: 10 minutter Udbytte: 6 til 8 portioner

ENKEL, MEN ELEGANT, DENNE RET HARTO INGREDIENSER, DER KOMMER TIL LIVE OM FORÅRET: LAM OG ASPARGES. RISTNING AF KORIANDERFRØENE FORBEDRER DEN VARME, JORDAGTIGE OG LET SYRLIGE SMAG.

- 1 kop hickory træflis
- 2 spsk korianderfrø
- 2 spsk fintrevet citronskal
- 1½ tsk sort peber
- 2 spsk revet frisk timian
- 1 udbenet lammekølle, 2 til 3 pund
- 2 bundter friske asparges
- 1 spsk olivenolie
- ¼ tsk sort peber
- 1 citron skåret i kvarte

1. Mindst 30 minutter før rygning madlavning, i en skål, blød valnøddeflager i vand nok til at dække; sæt til side. I mellemtiden rister du korianderfrø i en lille stegepande ved middel varme i cirka 2 minutter, eller indtil dufter og er sprød, under jævnlig omrøring. Fjern frøene fra panden; lad afkøle. Når frøene er afkølet, knuses dem i en morter og støder

(eller læg frøene på et skærebræt og knus dem med bagsiden af en træske). I en lille skål kombineres de knuste korianderfrø, citronskal, 1½ tsk allehånde og timian; sæt til side.

2. Fjern net fra lammesteg, hvis det findes. På en arbejdsflade åbnes stegen med fedtsiden nedad. Drys halvdelen af krydderiblandingen over kød; gnide med fingrene. Rul stegen sammen og bind med fire til seks stykker køkkengarn af 100 % bomuld. Drys den resterende krydderiblanding på ydersiden af stegen, tryk let for at klæbe.

3. Til en kulgrill placeres kul ved middel varme rundt om en drypbakke. Prøv medium varme over panden. Drys de afdryppede træflis over kullene. Læg lammestegen på risten over drypbakken. Dæk og ryg i 40 til 50 minutter ved medium varme (145°F). (For en gasgrill, forvarm grillen. Reducer varmen til medium. Indstil til indirekte tilberedning. Røg som ovenfor, undtagen tilsæt drænet træflis i henhold til producentens anvisninger.) Dæk stegen løst med alufolie. Lad hvile i 10 minutter før skæring.

4. Skær imens de træagtige spidser af aspargesene. I en stor skål smid asparges med olivenolie og ¼ tsk peber. Læg aspargesene rundt om grillens yderkanter, direkte over kullene og vinkelret på grillristen. Dæk til og grill i 5 til 6 minutter, indtil de er sprøde. Pres citronbåde over aspargesene.

5. Fjern snoren fra lammestegen og skær kødet i tynde skiver. Server kødet med grillede asparges.

LAM HOT POT

LEKTIER:30 minutters kogning: 2 timer 40 minutter
Udbytte: 4 portioner

VARM OP MED DENNE VELSMAGENDE GRYDERETEN EFTERÅRS- ELLER VINTERNAT. GRYDERETTEN SERVERES OVER EN FLØJLSBLØD PURÉ AF SELLERIROD OG PASTINAK SMAGT TIL MED SENNEP I DIJON-STIL, CASHEWCREME OG PURLØG. BEMÆRK: SELLERIROD KALDES NOGLE GANGE KNOLDSELLERI.

10 sorte peberkorn

6 salvieblade

3 hele allehånde

2 2-tommer strimler af appelsinskal

2 pund udbenet lammeskulder

3 spsk olivenolie

2 mellemstore løg, groft hakket

1 14,5-ounce dåse uden salt tilsat tomater i tern, udrænet

1½ dl oksebensbouillon (se opskrift) eller oksebouillon uden salt

¾ kop tør hvidvin

3 store fed hvidløg, knust og pillet

2 pund sellerirod, skrællet og skåret i 1-tommers terninger

6 mellemstore pastinakker, skrællet og skåret i 1-tommers skiver (ca. 2 pund)

2 spsk olivenolie

2 spsk cashewcreme (se opskrift)

1 spsk Dijon-stil sennep (se opskrift)

¼ kop skåret purløg

1. Til bouquet garni, skær en 7-tommer firkant af ostelærred. Læg peberkorn, salvie, allehånde og appelsinskal i midten af osteklædet. Løft op i hjørnerne af osteklædet og bind dem fast med rent køkkengarn af 100 % bomuld. Sæt til side.

2. Trim fedt fra lammeskulder; skær lam i 1-tommers stykker. I en hollandsk ovn opvarmes de 3 spsk olivenolie over medium varme. Kog lam, i partier, hvis det er nødvendigt, i varm olie, indtil det er brunet; Fjern fra panden og hold varm. Tilføj løg til stegepanden; kog 5 til 8 minutter eller indtil de er bløde og let brunede. Tilsæt bouquet garni, udrænede tomater, 1¼ dl oksebensbouillon, vin og hvidløg. Bring i kog; reducere varmen. Lad det simre, tildækket, i 2 timer, under omrøring af og til. Fjern og kassér bouquet garni.

3. I mellemtiden, for at purere, læg sellerirod og pastinak i en stor gryde; dække med vand. Bring i kog ved middelhøj varme; reducere varmen til lav. Dæk til og lad det simre i 30 til 40 minutter, eller indtil grøntsagerne er meget møre, når de gennembores med en gaffel. At dræne; kom grøntsagerne i en foodprocessor. Tilsæt resterende ¼ kop oksebensbouillon og 2 spsk olie; Puls indtil pureen er næsten glat, men stadig har en vis tekstur, stop en eller to gange for at skrabe ned ad

siderne. Overfør puréen til en skål. Tilsæt cashewcremen, sennep og purløg.

4. For at servere fordeles puréen i fire skåle; dæk med Lamb Hot Pot.

BRAISERET LAM MED SELLERI NUDLER

LEKTIER:30-minutters bagning: 1 time 30 minutter
Udbytte: 6 portioner

SELLERIROD FÅR ET HELT ANDET UDSEENDE.MÅDE I DENNE GRYDERET END I DEN VARME GRYDE MED LAM (SE<u>OPSKRIFT</u>). EN MANDOLINSKÆRER BRUGES TIL AT SKABE MEGET TYNDE STRIMLER AF DEN SØDE, NØDDEAGTIGE ROD. "NUDLERNE" SIMRER I STUVNINGEN, INDTIL DE ER MØRE.

- 2 tsk citronurtekrydderi (se<u>opskrift</u>)
- 1½ pund lammegryderet kød, skåret i 1-tommers terninger
- 2 spsk olivenolie
- 2 kopper hakkede løg
- 1 kop hakkede gulerødder
- 1 kop majroer i tern
- 1 spsk hakket hvidløg (6 fed)
- 2 spsk uden salt tilsat tomatpure
- ½ kop tør rødvin
- 4 kopper oksebensbouillon (se<u>opskrift</u>) eller oksebouillon uden salt
- 1 laurbærblad
- 2 kopper 1-tommer græskar i terninger
- 1 kop aubergine i tern
- 1 pund sellerirod, skrællet
- hakket frisk persille

1. Forvarm ovnen til 250 ° F. Drys citronurtekrydderi jævnt over lammet. Bland forsigtigt til belægning. Opvarm en 6 til 8 liter hollandsk ovn over medium-høj varme. Tilsæt 1 spsk olivenolie og halvdelen af det krydrede lam til den hollandske ovn. Brun kød i varm olie på alle sider; Kom det brunede kød over på en tallerken og gentag med resten af lammekødet og olivenolie. Reducer varmen til medium.

2. Tilsæt løg, gulerødder og majroer til gryden. Kog og rør grøntsager i 4 minutter; tilsæt hvidløg og tomatpure og steg 1 minut mere. Tilsæt rødvin, oksebensbouillon, laurbærblad og reserveret kød og eventuel ophobet saft i gryden. Bring blandingen i kog. Dæk til og sæt den hollandske ovn i den forvarmede ovn. Bages i 1 time. Tilsæt græskar og aubergine. Returner til ovnen og bag i yderligere 30 minutter.

3. Mens stuvningen er i ovnen, brug en mandolin til at skære selleriroden i meget tynde skiver. Skær sellerirodskiver i ½ tomme brede strimler. (Du skal have omkring 4 kopper.) Rør sellerirodstrimlerne i stuvningen. Lad det simre i cirka 10 minutter eller indtil de er møre. Fjern og kassér laurbærbladet, inden gryderet serveres. Drys hver portion med hakket persille.

LAMMEKOTELETTER MED KRYDRET GRANATÆBLESAUCE OG DADLER

LEKTIER:10 minutters tilberedning: 18 minutter afkøling: 10 minutter Udbytte: 4 portioner

UDTRYKKET "FRANSK" REFERERER TIL ET RIBBENHVORFRA FEDT, KØD OG BINDEVÆV ER FJERNET MED EN SKARP KØKKENKNIV. DET ER EN ATTRAKTIV PRÆSENTATION. BED DIN SLAGTER OM AT GØRE DET, ELLER DU KAN GØRE DET SELV.

CHUTNEY
½ kop usødet granatæblejuice
1 spsk frisk citronsaft
1 skalotteløg, skrællet og skåret i tynde skiver
1 tsk fintrevet appelsinskal
⅓ kop hakkede Medjool dadler
¼ tsk stødt rød peber
¼ kop granatæblefrugter*
1 spsk olivenolie
1 spsk hakket frisk italiensk (fladbladet) persille

LAMMEKOTELETTER
2 spsk olivenolie
8 lammekoteletter i fransk stil

1. Til den varme sauce, kombinere granatæblejuice, citronsaft og skalotteløg i en lille stegepande. Bring i kog; reducere varmen. Lad det simre uden låg i 2

minutter. Tilsæt appelsinskal, dadler og knust rød peber. Lad stå indtil det er afkølet, cirka 10 minutter. Tilsæt granatæble, 1 spsk olivenolie og persillen. Lad stå ved stuetemperatur indtil serveringstid.

2. Til koteletterne varmes de 2 spsk olivenolie op i en stor stegepande ved middel varme. Arbejd i partier, tilsæt koteletter til stegepanden og kog 6 til 8 minutter over medium varme (145°F), vend én gang. Dæk koteletterne med den varme sauce.

*Bemærk: Friske granatæbler og deres arils, eller frø, er tilgængelige fra oktober til februar. Hvis du ikke kan finde dem, skal du bruge usødede tørrede frø til at tilføje en crunch til chutneyen.

CHIMICHURRI LAMMEKOTELETTER MED SAUTERET RADICCHIOKÅL

LEKTIER:30 minutters marinering: 20 minutter tilberedning: 20 minutter giver: 4 portioner

I ARGENTINA ER CHIMICHURRI DET MEST POPULÆRE KRYDDERI.LEDSAGER DEN BERØMTE GAUCHO-STIL GRILLEDE BØF FRA DETTE LAND. DER ER MANGE VARIATIONER, MEN DEN TYKKE URTESAUCE LAVES NORMALT MED PERSILLE, KORIANDER ELLER OREGANO, SKALOTTELØG OG/ELLER HVIDLØG, STØDT RØD PEBER, OLIVENOLIE OG RØDVINSEDDIKE. DEN ER FREMRAGENDE TIL GRILLET BØF, MEN LIGE SÅ GENIAL TIL GRILLET ELLER STEGT LAM, KYLLING OG SVINEKOTELETTER.

8 lammekoeletter, skåret 1 tomme tykke

½ kop chimichurri sauce (se<u>opskrift</u>)

2 spsk olivenolie

1 sødt løg, halveret og skåret i skiver

1 tsk spidskommen, knust*

1 hakket fed hvidløg

1 hoved radicchio, udkernet og skåret i tynde strimler

1 spsk balsamicoeddike

1. Læg lammekoteletter i en ekstra stor skål. Dryp med 2 spsk chimichurri sauce. Brug fingrene til at gnide saucen over hele overfladen af hver kotelet. Lad koteletterne marinere ved stuetemperatur i 20 minutter.

2. I mellemtiden, til den sauterede Radicchio-salat, opvarmes 1 spsk olivenolie i en ekstra stor stegepande. Tilsæt løg, spidskommen og hvidløg; kog 6 til 7 minutter, eller indtil løget er blødt, under jævnlig omrøring. Tilføj radicchio; kog 1 til 2 minutter, eller indtil radicchio er lidt visnet. Overfør salaten til en stor skål. Tilsæt balsamicoeddike og bland det godt sammen. Dæk til og hold varmt.

3. Rengør gryden. Tilsæt den resterende 1 spsk olivenolie til gryden og opvarm over medium-høj varme. Tilsæt lammekoteletter; reducere varmen til medium. Kog 9 til 11 minutter eller indtil den ønskede færdighed, vend koteletter af og til med en tang.

4. Server koteletter med salat og resterende chimichurri sauce.

*Bemærk: Brug en morter og støder til at knuse spidskommen, eller læg frøene på et skærebræt og knus dem med en kokkekniv.

ANCHO OG SALVIE SMØR LAMMEKOTELETTER MED GULERODS- OG SØDKARTOFFELREMOULADE

LEKTIER:12 minutter kold: 1 til 2 timer grill: 6 minutter gør: 4 portioner

DER FINDES TRE TYPER LAMMEKOTELETTER.TYKKE, KØDFULDE KOTELETTER LIGNER SMÅ RIBEYES. RIBBEKOTELETTER, KALDET HER, SKABES VED AT SKÆRE MELLEM KNOGLERNE PÅ EN LAMMESTATIV. DE ER MEGET ØMME OG HAR EN ATTRAKTIV LANG KNOGLE PÅ SIDEN. DE SERVERES OFTE GRILLET ELLER GRILLET. BILLIGE SKULDERKOTELETTER ER EN SMULE FEDERE OG MINDRE MØRE END DE TO ANDRE TYPER. DET ER BEDST AT BRUNE DEM OG DEREFTER BRAISERE DEM I VIN, BOUILLON OG TOMATER ELLER EN KOMBINATION AF DISSE.

- 3 mellemstore gulerødder, groft revet
- 2 små søde kartofler, revet i julien* eller groft
- ½ kop Paleo Mayo (se opskrift)
- 2 spsk frisk citronsaft
- 2 teskefulde Dijon-stil sennep (se opskrift)
- 2 spsk hakket frisk persille
- ½ tsk sort peber
- 8 rack lammekoteletter, skåret ½ til ¾ tomme tykke
- 2 spsk revet frisk salvie eller 2 teskefulde tørret salvie, knust
- 2 tsk stødt ancho chile

½ tsk hvidløgspulver

1. Til remoulade kombineres gulerødder og søde kartofler i en mellemstor skål. I en lille skål blandes Paleo Mayo, citronsaft, Dijon-stil sennep, persille og sort peber sammen. Hæld over gulerødder og søde kartofler; rør til belægning. Dæk og afkøl 1 til 2 timer.

2. Kombiner i mellemtiden salvie, ancho chili og hvidløgspulver i en lille skål. Gnid krydderiblandingen over lammekoteletterne.

3. Til en kul- eller gasgrill placeres lammekoteletterne på en grill direkte over middel varme. Dæk til og grill i 6 til 8 minutter for medium sjælden (145°F) eller 10 til 12 minutter for medium (150°F), vend én gang halvvejs gennem grillen.

4. Server lammekoteletterne med remouladen.

*Bemærk: Brug en mandolin med juliennetilbehør til at skære de søde kartofler i skiver.

LAMMEBURGERE FYLDT FRA HAVEN MED RØD PEBERCOULIS

LEKTIER:20 minutter hvile: 15 minutter grill: 27 minutter udbytte: 4 portioner

EN COULIS ER IKKE ANDET END EN SIMPEL OG GLAT SAUCE.LAVET MED FRUGT- ELLER GRØNTSAGSMOS. DEN LYSE OG SMUKKE RØDE PEBERSAUCE TIL DISSE LAMMEBURGERE FÅR EN DOBBELT DOSIS RØG: FRA GRILLEN OG FRA ET SKUD RØGET PAPRIKA.

RØD PEBER COULIS
- 1 stor rød peberfrugt
- 1 spsk tør hvidvin eller hvidvinseddike
- 1 tsk olivenolie
- ½ tsk røget paprika

BURGERE
- ¼ kop usvovlede soltørrede tomater, skåret i strimler
- ¼ kop revet zucchini
- 1 spsk hakket frisk basilikum
- 2 teskefulde olivenolie
- ½ tsk sort peber
- 1½ pund hakket lammekød
- 1 æggehvide, let pisket
- 1 spsk middelhavskrydderier (se opskrift)

1. Til rød pebercoulis placeres den røde peber på grillen direkte over medium varme. Dæk til og grill i

15 til 20 minutter eller indtil forkullet og meget mørt, vend peberfrugten hvert 5. minut for at svitse på hver side. Fjern fra grillen og læg straks i en papirpose eller aluminiumsfolie for at omslutte peberfrugten helt. Lad sidde i 15 minutter eller indtil køligt nok til at håndtere. Brug en skarp kniv, fjern forsigtigt skindet og kasser det. Skær peberfrugten i kvarte på langs og fjern stilke, frø og hinde. Kombiner den ristede peberfrugt, vin, olivenolie og røget paprika i en foodprocessor. Dæk til og bearbejd eller blend indtil glat.

2. Læg imens de soltørrede tomater i en lille skål til fyldet og dæk dem med kogende vand. Lad sidde i 5 minutter; at dræne. Dup tomater og revet zucchini tør med køkkenrulle. Kombiner tomater, zucchini, basilikum, olivenolie og ¼ tsk sort peber i en lille skål; sæt til side.

3. Kombiner det malede lam, æggehviden, den resterende ¼ tsk sort peber og middelhavskrydderi i en stor skål; bland godt. Del kødblandingen i otte lige store portioner og form hver til en ¼-tommer tyk patty. Hæld fyld på fire af bøfferne; top med de resterende bøffer, klem kanterne sammen for at forsegle fyldet.

4. Placer burgere på grill direkte over medium varme. Dæk til og grill 12 til 14 minutter eller indtil færdig (160°F), vend én gang halvvejs gennem grillen.

5. Til servering toppes burgere med rød pebercoulis.

LAMMESPYD MED DOBBELT OREGANO OG TZATZIKI SAUCE

FORDYBE:30 minutter at forberede: 20 minutter at afkøle: 30 minutter at grille: 8 minutter Udbytte: 4 portioner

DISSE LAMMESPYD ER I DET VÆSENTLIGEHVAD DER ER KENDT SOM KOFTA I MIDDELHAVET OG MELLEMØSTEN: KRYDRET HAKKET KØD (NORMALT LAM ELLER OKSEKØD) FORMES TIL KUGLER ELLER OMKRING ET SPYD OG GRILLES DEREFTER. FRISK OG TØRRET OREGANO GIVER DEM EN FANTASTISK GRÆSK SMAG.

8 10-tommer træspyd

LAMMESPYD
- 1½ pund magert lam
- 1 lille løg, revet og presset tør
- 1 spsk revet frisk oregano
- 2 tsk tørret oregano, knust
- 1 tsk sort peber

TZATZIKI SAUCE
- 1 kop Paleo Mayo (se opskrift)
- ½ af en stor agurk, udsået, revet og presset tør
- 2 spsk frisk citronsaft
- 1 hakket fed hvidløg

1. Læg spyddene i blød i vand nok til at dække dem i 30 minutter.

2. Til lammespydene kombineres i en stor skål det malede lam, løg, frisk og tørret oregano og peber; bland godt. Del lammeblandingen i otte lige store portioner. Form hver del omkring midten af et spyd, og lav en 5 × 1-tommers log. Dæk til og afkøl i mindst 30 minutter.

3. I mellemtiden, til Tzatziki-sauce, kombineres Paleo Mayo, agurk, citronsaft og hvidløg i en lille skål. Dæk til og afkøl indtil servering.

4. Til en kul- eller gasgrill placeres lammespydene på grillen direkte over middel varme. Dæk til og grill ca. 8 minutter ved medium varme (160°F), vend én gang halvvejs gennem grillen.

5. Server lammespyd med Tzatziki-sauce.

STEGT KYLLING MED SAFRAN OG CITRON

LEKTIER:15 minutters afkøling: 8 timers stegning: 1 time 15 minutters hvile: 10 minutters udbytte: 4 portioner

SAFRAN ER DE TØRREDE STØVDRAGEREAF EN TYPE KROKUSBLOMST. DET ER DYRT, MEN LIDT RÆKKER LANGT. DEN TILFØJER SIN KARAKTERISTISKE JORDAGTIGE SMAG OG SMUKKE GULE NUANCE TIL DENNE SPRØDE KYLLINGESTEG.

1 hel kylling, 4 til 5 pund

3 spsk olivenolie

6 fed hvidløg, knust og pillet

1½ spsk fintrevet citronskal

1 spsk frisk timian

1½ tsk kværnet sort peber

½ tsk safran tråde

2 laurbærblade

1 citron skåret i kvarte

1. Fjern hals og indmad fra kylling; kassere eller gemme til anden brug. Skyl kyllingens kropshulrum; tør med køkkenrulle. Skær overskydende hud eller fedt fra kyllingen.

2. Kombiner olivenolie, hvidløg, citronskal, timian, peber og safran i en foodprocessor. Proces for at danne en glat pasta.

3. Brug fingrene til at gnide pastaen over den ydre overflade af kyllingen og det indre hulrum. Overfør

kylling til en stor skål; dæk til og stil på køl i mindst 8 timer eller natten over.

4. Forvarm ovnen til 425 ° F. Placer citronfjerdinger og laurbærblade i kyllingens hulrum. Bind benene med køkkengarn af 100 % bomuld. Stik vingerne under kyllingen. Indsæt et ovnkødtermometer i indersiden af lårmusklen uden at røre ved benet. Læg kyllingen på en rist i et stort ovnfast fad.

5. Grill i 15 minutter. Reducer ovntemperaturen til 375 ° F. Steg cirka 1 time mere, eller indtil saften er klar, og termometeret registrerer 175 ° F. Telt kylling med folie. Lad hvile i 10 minutter før skæring.

SPATCHCOCKED KYLLING MED JICAMA SALAT

LEKTIER: 40 minutter grill: 1 time 5 minutter hvile: 10 minutter udbytte: 4 portioner

"SPATCHCOCK" ER ET GAMMELT MADLAVNINGSUDTRYKSOM FOR NYLIG ER BLEVET GENBRUGT TIL AT BESKRIVE PROCESSEN MED AT FLÆKKE EN LILLE FUGL, SÅSOM EN KYLLING ELLER EN KORNISK HØNE, BAGFRA OG DEREFTER ÅBNE DEN OG FLADE DEN UD SOM EN BOG FOR AT HJÆLPE DEN MED AT LAVE MAD HURTIGERE OG MERE JÆVNT. DET LIGNER SOMMERFUGLENES FLUGT, MEN HENVISER KUN TIL FJERKRÆ.

KYLLING
- 1 poblano chile
- 1 spsk finthakket skalotteløg
- 3 fed hvidløg, hakket
- 1 tsk fintrevet citronskal
- 1 tsk fintrevet limeskal
- 1 tsk røget krydderi (se opskrift)
- ½ tsk tørret oregano, knust
- ½ tsk stødt spidskommen
- 1 spsk olivenolie
- 1 hel kylling, 3 til 3½ pund

KÅLSALAT
- ½ mellemstor jicama, skrællet og skåret i julien (ca. 3 kopper)

½ kop tyndt skåret purløg (4)

1 Granny Smith æble, skrællet, udkernet og skåret i julien

⅓ kop revet frisk koriander

3 spiseskefulde naturlig appelsinjuice

3 spsk olivenolie

1 tsk citronurtekrydderi (se opskrift)

1. Til en kulgrill placeres mellemvarme kul på den ene side af grillen. Placer en drypbakke under den tomme side af stativet. Læg poblanoen på grillristen direkte over de mellemstore kul. Dæk til og grill i 15 minutter, eller indtil poblano er forkullet på alle sider, vend af og til. Pak poblano straks ind i aluminiumsfolie; lad det hvile i 10 minutter. Åbn folie og skær poblano i halve på langs; fjern stilke og frø (se vippe). Brug en skarp kniv, fjern forsigtigt skindet og kasser det. Hak poblanoen fint. (For en gasgrill, forvarm grillen; reducer varmen til medium. Indstil til indirekte tilberedning. Grill som ovenfor over tændt brænder.)

2. Til dressingen kombineres poblano, skalotteløg, hvidløg, citronskal, limeskal, røgkrydderi, oregano og spidskommen i en lille skål. Tilsæt olie; bland godt for at lave en pasta.

3. For at sprede kyllingen skal du fjerne halsen og indmaden (gem til anden brug). Læg kyllingen med brystsiden nedad på et skærebræt. Brug en køkkensaks til at lave et snit i længderetningen på den ene side af rygsøjlen, startende ved halsenden.

Gentag det langsgående snit på den modsatte side af rygsøjlen. Fjern og kassér rygsøjlen. Læg kyllingen med skindsiden opad. Tryk ned mellem brysterne for at brække brystbenet, så kyllingen ligger fladt.

4. Start ved halsen på den ene side af brystet, skub fingrene mellem huden og kødet, løsn huden, mens du arbejder mod låret. Slip huden omkring låret. Gentag på den anden side. Brug fingrene til at fordele rub over kødet under skindet på kyllingen.

5. Læg kyllingen med brystsiden nedad på en rist over drypbakken. Vægt med to folieindpakkede mursten eller en stor støbejernsgryde. Dæk til og grill i 30 minutter. Vend kyllingen med bensiden nedad på en rist, vej igen med mursten eller stegepande. Grill, tildækket, ca. 30 minutter mere, eller indtil kyllingen ikke længere er lyserød (175°F i lårmuskel). Fjern kylling fra grillen; lad det hvile i 10 minutter. (For en gasgrill, læg kylling på en rist væk fra varmen. Grill som ovenfor.)

6. I mellemtiden, til salaten, kombineres jicama, spidskål, æble og koriander i en stor skål. I en lille skål piskes appelsinjuice, olie og citronkrydder sammen. Hæld jicama-blandingen over og vend til belægning. Server kyllingen med salaten.

STEGT KYLLINGEBAGPART MED VODKA, GULERØDDER OG TOMATSAUCE

LEKTIER:15 minutters stegning: 15 minutters stegning: 30 minutters udbytte: 4 portioner

VODKA KAN LAVES AF FORSKELLIGEFORSKELLIGE FØDEVARER, SÅSOM KARTOFLER, MAJS, RUG, HVEDE OG BYG, SELV VINDRUER. SELVOM DER IKKE ER MEGET VODKA I DENNE SAUCE, NÅR DU DELER DEN MELLEM FIRE PORTIONER, SKAL DU KIGGE EFTER VOKDA LAVET MED KARTOFLER ELLER VINDRUER FOR PALEO-OVERHOLDELSE.

3 spsk olivenolie

4 udbenede kyllingelår eller kyllingestykker med kød, uden skind

1 28-ounce dåse uden salttilsat blommetomater, drænet

½ kop finthakket løg

½ kop finthakket gulerod

3 fed hvidløg, hakket

1 tsk middelhavskrydderier (se opskrift)

⅛ teskefuld cayennepeber

1 kvist frisk rosmarin

2 spiseskefulde vodka

1 spsk hakket frisk basilikum (valgfrit)

1. Forvarm ovnen til 375 ° F. I en ekstra stor stegepande opvarmes 2 spiseskefulde af olien over

medium-høj varme. Tilføj kylling; kog ca. 12 minutter eller indtil brunet, vend for jævn bruning. Sæt gryden i den forvarmede ovn. Grill uden låg i 20 minutter.

2. Brug imens til saucen en køkkensaks til at skære tomaterne op. I en mellemstor gryde opvarmes den resterende spiseskefuld olie over medium varme. Tilsæt løg, gulerod og hvidløg; kog 3 minutter eller indtil de er møre, under jævnlig omrøring. Tilsæt de hakkede tomater, middelhavskrydderi, cayennepeber og rosmarinkvist. Bring i kog ved middelhøj varme; reducere varmen. Lad det simre uden låg i 10 minutter, under omrøring af og til. Tilføj vodka; kog 1 minut mere; fjern og kassér rosmarinkvisten.

3. Server sauce over kylling i stegepande. Sæt gryden tilbage i ovnen. Grill, tildækket, ca. 10 minutter mere, eller indtil kyllingen er mør og ikke længere lyserød (175°F). Hvis det ønskes, drys med basilikum.

POULET RÔTI OG RUTABAGA FRITES

LEKTIER:40 minutters bagning: 40 minutter Udbytte: 4 portioner

SPRØDE KÅLRABICHIPS ER LÆKRESERVERET MED ROTISSERIE KYLLINGEN OG TILHØRENDE MADLAVNINGSJUICE, MEN ER LIGE SÅ VELSMAGENDE LAVET ALENE OG SERVERET MED PALEO TOMATSAUCE (SE<u>OPSKRIFT</u>) ELLER SERVERET I BELGISK STIL MED PALEO AIOLI (HVIDLØGSMAYONNAISE, SE<u>OPSKRIFT</u>).

6 spiseskefulde olivenolie

1 spsk middelhavskrydderier (se<u>opskrift</u>)

4 udbenede, hudløse kyllingelår (ca. 1¼ pund i alt)

4 kyllingelår uden skind (ca. 1 pund i alt)

1 kop tør hvidvin

1 kop kyllingebensbouillon (se<u>opskrift</u>) eller hønsebouillon uden salt

1 lille løg, skåret i kvarte

Olivenolie

1½ til 2 pund rutabagas

2 spsk skåret frisk purløg

Sort peber

1. Forvarm ovnen til 400 ° F. I en lille skål kombineres 1 spsk olivenolie og middelhavskrydderierne; gnid over kyllingestykker. I en ekstra stor ovnfast gryde varmes 2 spsk af olien op. Tilføj kyllingestykker med de kødfulde sider nedad. Kog uden låg i cirka 5 minutter eller indtil de er brune. Fjern panden fra

varmen. Vend kyllingestykkerne med de brunede sider opad. Tilsæt vin, kyllingebensbouillon og løg.

2. Sæt panden i ovnen på midterste rille. Bages uden låg i 10 minutter.

3. I mellemtiden, til fritter, pensl let en stor bageplade med olivenolie; sæt til side. Skræl kålrabien. Med en skarp kniv skærer du rutabagas i ½-tommer skiver. Skær skiver på langs i ½-tommer strimler. I en stor skål blandes kålrabistrimlerne med de resterende 3 spsk olie. Fordel kålrabistrimlerne i et enkelt lag på en forberedt bageplade; sæt i ovnen på øverste rille. Bages i 15 minutter; vend fritterne. Bag kyllingen i 10 minutter mere eller indtil den ikke længere er lyserød (175°F). Fjern kyllingen fra ovnen. Bag fritterne i 5 til 10 minutter, eller indtil de er gyldenbrune og møre.

4. Fjern kylling og løg fra panden, gem saft. Dæk kylling og løg for at holde varmen. Bring saften i kog over medium varme; reducere varmen. Lad det simre uden låg i ca. 5 minutter mere, eller indtil saften er lidt reduceret.

5. Til servering smides chipsene med purløg og smages til med peber. Server kylling med madlavningsjuice og pommes frites.

COQ AU VIN MED TRE SVAMPE MED PURÉ AF RUTABAGAS OG PURLØG

LEKTIER:15 minutters kogning: 1 time 15 minutter
Udbytte: 4 til 6 portioner

HVIS DER ER SAND I SKÅLENEFTER IBLØDSÆTNING AF DE TØRREDE SVAMPE, OG DER ER SANDSYNLIGVIS NOGLE, SI VÆSKEN GENNEM DOBBELTTYK OSTELÆRRED PLACERET I EN FINMASKET SI.

1 ounce tørrede porcini-svampe eller morkler

1 kop kogende vand

2 til 2½ pund kyllingelår og -lår, skindet fjernet

Sort peber

2 spsk olivenolie

2 mellemstore porrer, halveret på langs, skyllet og skåret i tynde skiver

2 portobellosvampe, skåret i skiver

8 ounce friske østerssvampe, opstammet og skåret, eller friske skiver svampe

¼ kop tomatpuré uden tilsat salt

1 tsk tørret merian, knust

½ tsk tørret timian, knust

½ kop tør rødvin

6 kopper kyllingebensbouillon (se opskrift) eller hønsebouillon uden salt

2 laurbærblade

2 til 2½ pund rutabagas, skrællet og hakket

2 spsk skåret frisk purløg

½ tsk sort peber

frisk hakket timian (valgfrit)

1. Kombiner porcini-svampe og kogende vand i en lille skål; lad det hvile i 15 minutter. Fjern svampe, behold iblødsætningsvæske. Hak svampene. Sæt svampene og udblødningsvæsken til side.

2. Drys kylling med peber. I en ekstra stor stegepande med tætsluttende låg varmes 1 spsk af olivenolien op over medium-høj varme. Kog kyllingestykkerne i to omgange i varm olie i cirka 15 minutter, indtil de er let brunede, og vend dem én gang. Fjern kyllingen fra panden. Tilsæt porrer, portobellosvampe og østerssvampe. Kog 4 til 5 minutter, eller indtil svampe begynder at brune, omrør lejlighedsvis. Tilsæt tomatpure, merian og timian; kog og rør i 1 minut. Tilsæt vin; kog og rør i 1 minut. Tilsæt 3 kopper af kyllingebensbouillon, laurbærblade, ½ kop af den reserverede svampeudblødningsvæske og rehydrerede hakkede svampe. Kom kyllingen tilbage i gryden. Bring i kog; reducere varmen. Simre, tildækket,

3. Kombiner i mellemtiden rutabagas og de resterende 3 kopper bouillon i en stor gryde. Tilsæt eventuelt vand for at dække kålrabien. Bring i kog; reducere varmen. Lad det simre uden låg i 25 til 30 minutter, eller indtil rutabagas er lige møre, under omrøring af og til. Dræn rutabagas, gem væsken. Kom rutabagasene tilbage i gryden. Tilsæt den resterende 1 spsk olivenolie, purløg og ½ tsk peber.

Brug en kartoffelmoser til at mos kålrabiblandingen, tilsæt kogevæske efter behov for at opnå den ønskede konsistens.

4. Fjern laurbærblade fra kyllingeblandingen; kassere. Server kylling og sauce over rutabagapuré. Drys eventuelt med frisk timian.

BRANDY-FERSKEN GLASEREDE TROMMESTIKKER

LEKTIER:30 minutter grill: 40 minutter udbytte: 4 portioner

DISSE KYLLINGEFØDDER ER PERFEKTEMED EN SPRØD SALAT OG DE KRYDREDE BAGTE SØDE KARTOFFELFRITES FRA OPSKRIFTEN PÅ DEN TUNESISKE KRYDREDE SVINEKØDSSKULDER (SE<u>OPSKRIFT</u>). HER ER DE VIST MED SPRØD SLAW MED RADISER, MANGO OG MYNTE (SE<u>OPSKRIFT</u>).

PEACH BRANDY GLASUR

- 1 spsk olivenolie
- ½ kop hakket løg
- 2 friske mellemstore ferskner, halveret, udstenet og hakket
- 2 spsk brandy
- 1 kop BBQ sauce (se<u>opskrift</u>)
- 8 kyllingelår (2 til 2½ pund i alt), skindet fjernes, hvis det ønskes

1. Til glasuren opvarmes olivenolien ved middel varme i en mellemstor gryde. Tilføj løg; kog ca. 5 minutter eller indtil de er møre, og rør af og til. Tilsæt ferskerne. Dæk og kog 4 til 6 minutter, eller indtil ferskerne er møre, under omrøring af og til. Tilføj brandy; kog uden låg i 2 minutter, under omrøring af og til. Lad det køle lidt af. Overfør ferskenblandingen til en blender eller foodprocessor. Dæk til og blend eller bearbejd

indtil glat. Tilsæt BBQ saucen. Dæk til og blend eller bearbejd indtil glat. Kom saucen tilbage i gryden. Kog over middel-lav varme, indtil det er gennemvarmet. Overfør ¾ kop sauce til en lille skål til at dyppe kylling. Hold den resterende sauce varm til at servere med grillet kylling.

2. Til en kulgrill placeres kul ved middel varme rundt om en drypbakke. Prøv medium varme på drypbakken. Læg kyllingelårene på grillristen over drypbakken. Dæk til og grill i 40 til 50 minutter, eller indtil kyllingen ikke længere er lyserød (175°F), vend en gang halvvejs gennem stegningen og pensl med ¾ kop brandy ferskenglasur til de sidste 5 10 minutters steg. (For en gasgrill, forvarm grillen. Reducer varmen til medium. Juster varmen til indirekte tilberedning. Læg kyllingelår på en rist, ikke overvarme. Dæk til og grill som anvist.) .

CHILEMARINERET KYLLING MED MANGO OG MELONSALAT

LEKTIER: 40 minutter Chill/Marinere: 2-4 timer Grill: 50 minutter Udbytte: 6-8 portioner

EN ANCHO CHILE ER EN TØR POBLANO— EN SKINNENDE, MØRKEGRØN CHILI MED EN INTENS FRISK SMAG. ANCHO CHILI HAR EN LET FRUGTAGTIG SMAG MED ET STREJF AF BLOMME ELLER ROSIN OG BLOT ET STREJF AF BITTERHED. NEW MEXICO CHILI KAN VÆRE MODERAT VARM. DE ER DE DYBRØDE CHILI, DER SES BUNDET SAMMEN OG HÆNGT I RISTRAS, FARVERIGE ARRANGEMENTER AF TØRREDE CHILI, I DELE AF SYDVEST.

KYLLING

- 2 tørrede New Mexico chili
- 2 tørrede ancho chili
- 1 kop kogende vand
- 3 spsk olivenolie
- 1 stort sødt løg, pillet og skåret i tykke skiver
- 4 roma tomater, uden kernehus
- 1 spsk hakket hvidløg (6 fed)
- 2 tsk stødt spidskommen
- 1 tsk tørret oregano, knust
- 16 kyllingelår

SALAT

2 kopper melon i tern

2 kopper honningdug i tern

2 kopper mango i tern

¼ kop frisk limesaft

1 tsk chilipulver

½ tsk stødt spidskommen

¼ kop strimlet frisk koriander

1. Til kyllingen skal du fjerne stilke og frø fra den tørrede ancho og New Mexico chili. Varm en stor stegepande op over medium varme. Rist chilierne i gryden i 1 til 2 minutter eller indtil duftende og let ristet. Placer ristet chili i en lille skål; tilsæt det kogende vand til skålen. Lad stå i mindst 10 minutter eller indtil klar til brug.

2. Forvarm grillen. Beklæd en bageplade med aluminiumsfolie; pensl 1 spsk olivenolie over folie. Arranger løgskiver og tomater i gryden. Grill omkring 4 inches fra varme i 6 til 8 minutter eller indtil blødgjort og forkullet. Dræn chilierne, behold vandet.

3. Til marinaden kombineres chili, løg, tomater, hvidløg, spidskommen og oregano i en blender eller foodprocessor. Dæk og blend eller bearbejd indtil glat, tilsæt reserveret vand efter behov for at purere og opnå den ønskede konsistens.

4. Læg kyllingen i en stor genlukkelig plastikpose på en lav tallerken. Hæld marinaden over kyllingen i posen, vend posen, så den dækker ensartet. Lad

marinere i køleskabet i 2 til 4 timer, vend posen af og til.

5. Til salaten, i en ekstra stor skål, kombinere cantaloupe, honningdug, mango, limesaft, de resterende 2 spsk olivenolie, chilipulver, spidskommen og koriander. Kast til belægning. Dæk til og afkøl 1 til 4 timer.

6. Til en kulgrill placeres kul ved middel varme rundt om en drypbakke. Prøv medium varme over panden. Dræn kyllingen, gem marinaden. Læg kyllingen på risten over drypbakken. Pensl kyllingen generøst med noget af den reserverede marinade (kassér eventuelt ekstra marinade). Dæk til og grill i 50 minutter, eller indtil kyllingen ikke længere er lyserød (175°F), vend én gang halvvejs gennem grillen. (For en gasgrill, forvarm grillen. Reducer varmen til medium. Indstil til indirekte tilberedning. Fortsæt som anvist, og anbring kyllingen på en slukket brænder.) Server kyllingelår med salat.

KYLLINGELÅR I TANDOORI-STIL MED AGURK-RAITA

LEKTIER: 20 minutter Marinade: 2 til 24 timer Stegning: 25 minutter Udbytte: 4 portioner

RAITAEN ER LAVET MED CASHEWNØDDER.FLØDE, CITRONSAFT, MYNTE, KORIANDER OG AGURK. DET GIVER ET FORFRISKENDE MODSPIL TIL VARM OG KRYDRET KYLLING.

KYLLING
- 1 løg, skåret i tynde skiver
- 1 2-tommer stykke frisk ingefær, skrællet og delt i kvarte
- 4 fed hvidløg
- 3 spsk olivenolie
- 2 spsk frisk citronsaft
- 1 tsk stødt spidskommen
- 1 tsk stødt gurkemeje
- ½ tsk stødt allehånde
- ½ tsk stødt kanel
- ½ tsk sort peber
- ¼ tsk cayennepeber
- 8 kyllingelår

AGURK RAITA
- 1 kop cashewcreme (se opskrift)
- 1 spsk frisk citronsaft
- 1 spsk hakket frisk mynte

1 spsk frisk koriander skåret i strimler
½ tsk stødt spidskommen
⅛ teskefuld sort peber
1 mellemstor agurk, skrællet, udsået og skåret i tern (1 kop)
Citronskiver

1. Kombiner løg, ingefær, hvidløg, olivenolie, citronsaft, spidskommen, gurkemeje, allehånde, kanel, sort peber og cayennepeber i en blender eller foodprocessor. Dæk til og blend eller bearbejd indtil glat.

2. Med spidsen af en skrællekniv prikker du hver trommestik fire eller fem gange. Læg trommestikkerne i en stor genlukkelig plastikpose placeret i en stor skål. Tilsæt løgblanding; vende sig til at ramme Lad marinere i køleskabet i 2 til 24 timer, vend posen af og til.

3. Forvarm grillen. Fjern kyllingen fra marinaden. Brug papirhåndklæder til at tørre overskydende marinade af trommestikker. Læg underlårene på risten af en uopvarmet bradepande eller foliebeklædt bageplade. Grill 6 til 8 tommer fra varmekilden i 15 minutter. Vend trommestikkerne; steges i ca. 10 minutter, eller indtil kyllingen ikke længere er lyserød (175°F).

4. Til raita, kombinere cashewcreme, citronsaft, mynte, koriander, spidskommen og sort peber i en mellemstor skål. Tilsæt forsigtigt agurken.

5. Server kylling med raita og citronbåde.

BRAISERET KYLLINGEKARRY MED RODFRUGTER, ASPARGES OG GRØN ÆBLEMYNTE

LEKTIER:30 minutters madlavning: 35 minutters hvile: 5 minutter giver: 4 portioner

2 spsk raffineret kokosolie eller olivenolie

2 pund udbenet kyllingebryst, uden skind, hvis det ønskes

1 kop hakket løg

2 spsk revet frisk ingefær

2 spsk hakket hvidløg

2 spsk usaltet karrypulver

2 spiseskefulde hakket og frøet jalapeño (se vippe)

4 kopper kyllingebensbouillon (se opskrift) eller hønsebouillon uden salt

2 mellemstore søde kartofler (ca. 1 pund), skrællet og hakket

2 mellemstore majroer (ca. 6 ounce), skrællet og hakket

1 kop tomat, frøet og skåret i tern

8 ounce asparges, trimmet og skåret i 1-tommers stykker

1 13,5-ounce dåse almindelig kokosmælk (såsom Nature's Way)

½ kop frisk koriander skåret i strimler

Æble- og myntedressing (se opskrift, nedenfor)

Citronskiver

1. I en 6-quart hollandsk ovn opvarmes olie over medium-høj varme. Brun kyllingen i portioner i varm olie, indtil den er jævn brunet, cirka 10 minutter. Overfør kylling til en tallerken; sæt til side.

2. Skru varmen til medium. Tilsæt løg, ingefær, hvidløg, karrypulver og jalapeno til gryden. Kog og rør i 5 minutter, eller indtil løget er blødt. Tilsæt kyllingebensbouillon, søde kartofler, majroer og tomat. Kom kyllingestykkerne tilbage i gryden, og sørg for at nedsænke kyllingen i så meget væske som muligt. Reducer varmen til medium-lav. Læg låg på og lad det simre i 30 minutter, eller indtil kyllingen ikke længere er lyserød, og grøntsagerne er møre. Tilsæt asparges, kokosmælk og koriander. Tag det af varmen. Lad stå i 5 minutter. Skær kyllingen fra ben, hvis det er nødvendigt, for at fordele det jævnt mellem serveringsskåle. Server med æblemyntesauce og limebåde.

Æblemyntedressing: Hak ½ kop usødede kokosflager i en foodprocessor, indtil de er pulveragtige. Tilsæt 1 kop friske korianderblade og damp; 1 kop friske mynteblade; 1 Granny Smith æble, udkernet og hakket; 2 teskefulde hakket og frøet jalapeño (se_vippe_); og 1 spsk frisk citronsaft. Puls indtil fint hakket.

GRILLET KYLLING PAILLARD SALAT MED HINDBÆR, RØDBEDER OG RISTEDE MANDLER

LEKTIER:30 minutter stegning: 45 minutter marinade: 15 minutter grill: 8 minutter giver: 4 portioner

½ kop hele mandler

1½ tsk olivenolie

1 mellemstor rødbede

1 mellemstor gylden rødbede

2 6 til 8 oz udbenede kyllingebrysthalvdele uden skind

2 kopper friske eller frosne hindbær, optøet

3 spsk rød- eller hvidvinseddike

2 spsk strimlet frisk estragon

1 spsk hakket skalotteløg

1 tsk Dijon-stil sennep (se<u>opskrift</u>)

¼ kop olivenolie

Sort peber

8 kopper blandet salat

1. For mandlerne, forvarm ovnen til 400 ° F. Spred mandler på en lille bageplade og vend med ½ tsk olivenolie. Bag cirka 5 minutter eller indtil duftende og gylden. Lad afkøle. (Mandel kan ristes 2 dage før tid og opbevares i en lufttæt beholder.)

2. Til rødbederne lægges hver rødbeder på et lille stykke aluminiumsfolie og dryp hver med ½ tsk olivenolie. Pak aluminiumsfolie løst omkring rødbederne og læg dem på en bageplade eller et bradefad. Rist rødbederne i ovnen ved 400°F i 40 til

50 minutter eller indtil de er møre, når de er gennemboret med en kniv. Tag den ud af ovnen og lad den sidde, indtil den er kølig nok til at håndtere. Fjern skindet med en køkkenkniv. Skær rødbederne i både og gem dem. (Undgå at blande rødbederne for at forhindre rødbederne i at plette de gyldne rødbeder. Rødbederne kan steges 1 dag frem og afkøles. Bringes til stuetemperatur før servering.)

3. Til kyllingen skæres hvert kyllingebryst i halve vandret. Læg hvert stykke kylling mellem to stykker plastik. Brug en kødhammer, pisk forsigtigt, indtil den er cirka 1/2 tomme tyk. Læg kyllingen i et lavt fad og stil til side.

4. Til vinaigretten moses ¾ kop hindbær let i en stor skål med et piskeris (reserver de resterende hindbær til salat). Tilsæt eddike, estragon, skalotteløg og dijonsennep; pisk for at blande. Tilsæt ¼ kop olivenolie i en tynd stråle, pisk for at blande godt. Hæld ½ kop vinaigrette over kyllingen; vend kyllingen til pels (reserver den resterende vinaigrette til salat). Lad kyllingen marinere ved stuetemperatur i 15 minutter. Fjern kyllingen fra marinaden og drys med peber; kassér den resterende marinade i fadet.

5. Til en kul- eller gasgrill placeres kyllingen på en grill direkte over medium varme. Dæk til og grill i 8 til 10 minutter, eller indtil kyllingen ikke længere er lyserød, vend en gang halvvejs gennem grillen. (Kyllingen kan også tilberedes i en grillpande.)

6. Kombiner salat, rødbeder og de resterende 1¼ kopper hindbær i en stor skål. Hæld reserveret vinaigrette over salat; smid forsigtigt til belægning. Fordel salat mellem fire serveringsfade; top hver med et stykke grillet kyllingebryst. Hak de ristede mandler groft og drys ovenpå. Server straks.

BROCCOLI FYLDTE KYLLINGEBRYST MED FRISK TOMATSAUCE OG CÆSARSALAT

LEKTIER:40 minutters kogning: 25 minutters udbytte: 6 portioner

3 spsk olivenolie
2 tsk hakket hvidløg
¼ tsk stødt rød peber
1 pund broccoli raab, trimmet og hakket
½ kop svovlfri gyldne rosiner
½ kop vand
4 5 til 6 ounce udbenede kyllingebrysthalvdele uden skind
1 kop hakket løg
3 kopper hakkede tomater
¼ kop hakket frisk basilikum
2 teskefulde rødvinseddike
3 spsk frisk citronsaft
2 spiseskefulde Paleo Mayo (se opskrift)
2 teskefulde Dijon-stil sennep (se opskrift)
1 tsk hakket hvidløg
½ tsk sort peber
¼ kop olivenolie
10 kopper hakket romainesalat

1. I en stor stegepande opvarmes 1 spsk af olivenolien over medium-høj varme. Tilsæt hvidløg og knust rød peber; kog og rør i 30 sekunder eller indtil dufter. Tilsæt den hakkede broccoli rabe, rosiner og

½ kop vand. Dæk og kog i cirka 8 minutter, eller indtil broccoli raab er mør og mør. Fjern låget fra stegepanden; lad overskydende vand fordampe. Sæt til side.

2. Til wraps skæres hvert kyllingebryst i halve på langs; placer hvert stykke mellem to stykker plastfolie. Brug den flade side af en kødhammer til at slå kyllingen let, indtil den er omkring ¼-tommer tyk. For hver rulle skal du placere ca. ¼ kop af broccoli-raab-blandingen på en af de korte ender; rulle op, fold sidelæns for helt at omslutte fyldet. (Ruller kan laves op til 1 dag frem og afkøles, indtil de er klar til at lave mad.)

3. I en stor stegepande opvarmes 1 spsk af olivenolien over medium-høj varme. Tilføj ruller, søm siderne nedad. Kog ca. 8 minutter eller indtil brunet på alle sider, vend to eller tre gange under tilberedningen. Overfør rullerne til et fad.

4. Til saucen opvarmes 1 spsk af den resterende olivenolie i stegepanden over medium varme. Tilføj løg; kog i cirka 5 minutter eller indtil de er gennemsigtige. Tilsæt tomater og basilikum. Læg rullerne ovenpå saucen i gryden. Bring i kog ved middelhøj varme; reducere varmen. Læg låg på og lad det simre i cirka 5 minutter, eller indtil tomaterne begynder at bryde ned, men stadig holder deres form og rullerne er varmet igennem.

5. Til dressingen piskes citronsaft, Paleomayonnaise, Dijonsennep, hvidløg og sort peber sammen i en

lille skål. Dryp med ¼ kop olivenolie, pisk indtil emulgeret. I en stor skål blandes dressingen med den hakkede romainesalat. For at servere skal du dele romainesalaten mellem seks serveringsplader. Skær rullerne og læg dem på romainesalat; dryp med tomatsauce.

GRILLET KYLLING SHAWARMA WRAPS MED KRYDREDE GRØNTSAGER OG PINJENØDDEDRESSING

LEKTIER:20 minutter marinade: 30 minutter grill: 10 minutter gør: 8 rundstykker (serverer 4)

- 1½ pund udbenet, skindfri kyllingebryst, skåret i 2-tommers stykker
- 5 spiseskefulde olivenolie
- 2 spsk frisk citronsaft
- 1¾ tsk stødt spidskommen
- 1 tsk hakket hvidløg
- 1 tsk paprika
- ½ tsk karrypulver
- ½ tsk stødt kanel
- ¼ tsk cayennepeber
- 1 mellemstor zucchini, skåret i halve
- 1 lille aubergine skåret i ½-tommers skiver
- 1 stor gul peberfrugt, halveret og frøet
- 1 mellemstor rødløg, skåret i kvarte
- 8 cherrytomater
- 8 store blade smørsalat
- Ristet pinjekernedressing (se opskrift)
- Citronskiver

1. Til marinaden kombineres i en lille skål 3 spsk olivenolie, citronsaft, 1 tsk spidskommen, hvidløg, ½ tsk paprika, karrypulver, ¼ tsk kanel og cayennepeber. Læg kyllingestykkerne i en stor

genlukkelig plastikpose i et lavt fad. Hæld marinaden over kyllingen. Forsegl posen; vend taske til frakke. Lad marinere i køleskabet i 30 minutter, vend posen af og til.

2. Fjern kyllingen fra marinaden; kassér marinaden. Træk kyllingen på fire lange spyd.

3. Læg zucchini, aubergine, peberfrugt og løg på en bageplade. Dryp med 2 spsk olivenolie. Drys med resterende ¾ tsk spidskommen, resterende ½ tsk paprika og resterende ¼ tsk kanel; Gnid let over grøntsager. Træk tomaterne på to spyd.

3. Til en kul- eller gasgrill placeres kyllinge- og tomatspydene og grøntsagerne på en grill ved middel varme. Dæk til og grill, indtil kyllingen ikke længere er lyserød, og grøntsagerne er let forkullet og sprøde, vend én gang. Tillad 10-12 minutter til kyllingen, 8-10 minutter til grøntsagerne og 4 minutter til tomaterne.

4. Fjern kyllingen fra spydene. Hak kyllingen og skær zucchini, aubergine og sød peber i små stykker. Fjern tomaterne fra spydene (hak ikke). Læg kylling og grøntsager på et fad. For at servere, hæld lidt kylling og grøntsager på et salatblad; dryp med ristet pinjekernedressing. Server med citronbåde.

BAGT KYLLINGEBRYST MED SVAMPE, HVIDLØG MOSET BLOMKÅL OG RISTEDE ASPARGES

START TIL SLUT:50 minutter gør: 4 portioner

- 4 10- til 12-ounce udbenede kyllingebrysthalvdele, skindet fjernet
- 3 kopper små hvide svampe
- 1 kop tynde skiver porrer eller gult løg
- 2 kopper kyllingebensbouillon (se_opskrift_) eller hønsebouillon uden salt
- 1 kop tør hvidvin
- 1 stort bundt frisk timian
- Sort peber
- Hvidvinseddike (valgfrit)
- 1 blomkålshoved, delt i buketter
- 12 pillede fed hvidløg
- 2 spsk olivenolie
- Hvid eller cayennepeber
- 1 pund asparges, hakket
- 2 teskefulde olivenolie

1. Forvarm ovnen til 400 ° F. Placer kyllingebryst i 3-quart rektangulært bageform; top med svampe og porrer. Hæld kyllingebensbouillon og vin over kylling og grøntsager. Drys timian på toppen og drys med sort peber. Dæk fadet med alufolie.

2. Bages i 35 til 40 minutter, eller indtil et termometer med øjeblikkelig aflæsning indsat i kyllingebøjler 170 ° F. Fjern og kassér timiankviste. Krydr

eventuelt braiseringsvæsken med et skvæt eddike før servering.

2. I mellemtiden, i en stor gryde, kog blomkål og hvidløg i tilstrækkeligt kogende vand til at dække omkring 10 minutter eller indtil meget møre. Dræn blomkål og hvidløg, gem 2 spsk af kogevæsken. I en foodprocessor eller stor røreskål placeres blomkål og reserveret kogevæske. Behandl indtil glat* eller mos med en kartoffelmoser; tilsæt 2 spsk olivenolie og smag til med hvid peber. Hold varm indtil servering.

3. Arranger aspargesene i et enkelt lag på en bageplade. Dryp med 2 tsk olivenolie og vend til belægning. Drys med sort peber. Steg i en 400°F ovn i cirka 8 minutter, eller indtil de er sprøde, under omrøring én gang.

4. Fordel blomkålspuréen på seks serveringsplader. Top med kylling, champignon og porrer. Dryp med lidt af braiseringsvæsken; server med grillede asparges.

*Bemærk: Hvis du bruger en foodprocessor, skal du passe på ikke at overbehandle, ellers bliver blomkålen for tynd.

KYLLINGESUPPE I THAILANDSK STIL

LEKTIER:30 minutters frysning: 20 minutters tilberedning: 50 minutter Udbytte: 4 til 6 portioner

TAMARIND ER EN BITTER OG MOSKUSAGTIG FRUGT.BRUGES I INDISK, THAILANDSK OG MEXICANSK MADLAVNING. MANGE KOMMERCIELT FREMSTILLEDE TAMARINDPASTAER INDEHOLDER SUKKER; SØRG FOR AT KØBE EN, DER IKKE INDEHOLDER DET. KAFFIRLIMEBLADE KAN FINDES FRISKE, FROSNE OG TØRREDE PÅ DE FLESTE ASIATISKE MARKEDER. HVIS DU IKKE KAN FINDE DEM, SKAL DU ERSTATTE 1½ TSK FINTREVET LIMESKAL MED BLADENE I DENNE OPSKRIFT.

- 2 citrongræsstængler, trimmet
- 2 spsk uraffineret kokosolie
- ½ kop tyndt skåret purløg
- 3 store fed hvidløg, skåret i tynde skiver
- 8 kopper kyllingebensbouillon (se opskrift) eller hønsebouillon uden salt
- ¼ kop uden sukker tilsat tamarindpasta (såsom Tamicon-mærket)
- 2 spsk nori-flager
- 3 friske thailandske chilier, skåret i tynde skiver med frø intakte (se vippe)
- 3 kaffir lime blade
- 1 3-tommer stykke ingefær, skåret i tynde skiver
- 4 6-ounce udbenede kyllingebrysthalvdele uden skind

1 14,5 ounce dåse uden salt tilsat brændte tomater i tern, udrænet

6 ounce fine asparges, trimmet og tyndt skåret diagonalt i ½-tommers stykker

½ kop pakket thailandske basilikumblade (se Bemærk)

1. Brug bagsiden af en kniv med et fast tryk til at knuse citrongræsstænglerne. Hak forslåede stængler fint.

2. I en hollandsk ovn opvarmes kokosolie over medium varme. Tilsæt citrongræs og purløg; kog 8 til 10 minutter under jævnlig omrøring. Tilsæt hvidløg; kog og omrør 2 til 3 minutter eller indtil meget duftende.

3. Tilsæt kyllingebensbouillon, tamarindpasta, noriflager, chili, limeblade og ingefær. Bring i kog; reducere varmen. Dæk til og kog ved svag varme i 40 minutter.

4. Frys imens kyllingen i 20 til 30 minutter eller indtil den er fast. Skær kyllingen i tynde skiver.

5. Si suppen gennem en finmasket si ned i en stor gryde, tryk med bagsiden af en stor ske for at trække smagene ud. Kassér de faste stoffer. Bring suppen i kog. Tilsæt kylling, udrænede tomater, asparges og basilikum. Reducer varmen; lad det simre uden låg i 2 til 3 minutter, eller indtil kyllingen er gennemstegt. Server straks.

GRILLET CITRON- OG SALVIEKYLLING MED ESCAROLE

LEKTIER:15 minutters stegning: 55 minutters hvile: 5 minutter giver: 4 portioner

CITRONSKIVER OG SALVIEBLAD.PLACERET UNDER SKINDET PÅ KYLLINGEN GIVER DEN SMAG TIL KØDET, MENS DET TILBEREDES OG SKABER ET IØJNEFALDENDE DESIGN UNDER DET SPRØDE, KEDELIGE SKIND, EFTER DET KOMMER UD AF OVNEN.

4 udbenede kyllingebrysthalvdele (med skind)

1 citron, meget tynde skiver

4 store salvieblade

2 teskefulde olivenolie

2 teskefulde middelhavskrydderier (se opskrift)

½ tsk sort peber

2 spsk ekstra jomfru olivenolie

2 skalotteløg, skåret i skiver

2 hakkede fed hvidløg

4 endiviehoveder, halveret på langs

1. Forvarm ovnen til 400 ° F. Brug en skærekniv til at løsne skindet fra hver brysthalvdel meget forsigtigt, og lad det sidde fast på den ene side. Læg 2 citronbåde og 1 salvieblad over kødet af hvert bryst. Træk forsigtigt huden tilbage på plads og tryk forsigtigt ned for at sikre.

2. Læg kyllingen i en lav bradepande. Pensl kylling med 2 tsk olivenolie; drys med middelhavskrydderi og

¼ tsk peber. Grill uden låg i ca. 55 minutter, eller indtil skindet er gyldent og sprødt, og et termometer med øjeblikkelig aflæsning er indsat i kyllingeregistre 170 ° F. Lad kyllingen hvile 10 minutter før servering.

3. Imens opvarmes de 2 spsk olivenolie i en stor stegepande ved middel varme. Tilsæt skalotteløg; kog ca. 2 minutter eller indtil den er gennemsigtig. Drys endiverne med den resterende ¼ tsk peber. Tilsæt hvidløg til gryden. Læg endivien i en stegepande med skærene nedad. Kog ca. 5 minutter eller indtil brunet. Vend forsigtigt endive; kog 2 til 3 minutter mere eller indtil de er møre. Server med kylling.

KYLLING MED PURLØG, BRØNDKARSE OG RADISER

LEKTIER: 20 minutters tilberedning: 8 minutters bagning: 30 minutters udbytte: 4 portioner

SELVOM DET KAN VIRKE MÆRKELIGT AT KOGE RADISER, DE ER KNAP TILBEREDT HER, LIGE NOK TIL AT BLØDGØRE DERES KRYDREDE BID OG BLØDGØRE DEM LIDT.

3 spsk olivenolie

4 10- til 12-ounce udbenede kyllingebrysthalvdele (med skind)

1 spsk citronurtekrydderi (se opskrift)

¾ kop skåret purløg

6 radiser, skåret i tynde skiver

¼ tsk sort peber

½ kop tør hvid vermouth eller tør hvidvin

⅓ kop cashewcreme (se opskrift)

1 bundt brøndkarse, stilke trimmet og hakket

1 spsk revet frisk dild

1. Forvarm ovnen til 350 ° F. Opvarm olivenolie over medium-høj varme i en stor stegepande. Dup kyllingen tør med køkkenrulle. Kog kyllingen med skindsiden nedad i 4 til 5 minutter, eller indtil skindet er gyldent og sprødt. Vend kyllingen; kog ca 4 minutter eller indtil brunet. Læg kyllingen med skindsiden opad i et lavt fad. Drys kyllingen med citronurtekrydderiet. Bages i cirka 30 minutter,

eller indtil et termometer med øjeblikkelig aflæsning, der er indsat i kylling, registrerer 170°F.

2. I mellemtiden hældes alt undtagen 1 spsk fedt fra panden; Varm panden op igen. Tilsæt purløg og radiser; kog ca. 3 minutter eller indtil purløg visner. Drys med peber. Tilsæt vermouth under omrøring for at skrabe eventuelle brunede stykker op. Bring i kog; kog indtil reduceret og tyknet lidt. Tilsæt cashewcreme; bring i kog. Fjern stegepanden fra varmen; tilsæt karse og dild, mens du rører forsigtigt, indtil karsen visner. Tilsæt eventuelt kyllingesaft, der er samlet i bageformen.

3. Fordel purløgsblandingen på fire serveringsplader; top med kylling.

KYLLING TIKKA MASALA

LEKTIER:30 minutter Marinade: 4 til 6 timer Tilberedning: 15 minutter Grill: 8 minutter Udbytte: 4 portioner

DETTE VAR INSPIRERET AF EN MEGET POPULÆR INDISK RET.SOM MÅSKE SLET IKKE ER BLEVET TIL I INDIEN, MEN PÅ EN INDISK RESTAURANT I STORBRITANNIEN. TRADITIONEL KYLLING TIKKA MASALA KRÆVER, AT KYLLINGEN SKAL MARINERES I YOGHURT OG DEREFTER KOGES I EN KRYDRET TOMATSAUCE PRIKKET MED FLØDE. UDEN MÆLKEPRODUKTER TIL AT SLØVE SMAGEN AF SAUCEN SMAGER DENNE VERSION SÆRLIGT RENT. I STEDET FOR RIS SERVERES DEN OVER SPRØDE ZUCCHININUDLER.

1½ pund udbenet, skindfri kyllingelår eller kyllingebrysthalvdele

¾ kop almindelig kokosmælk (såsom Nature's Way)

6 fed hvidløg, hakket

1 spsk revet frisk ingefær

1 tsk stødt koriander

1 tsk paprika

1 tsk stødt spidskommen

¼ tsk stødt kardemomme

4 spsk raffineret kokosolie

1 kop hakkede gulerødder

1 selleri i tynde skiver

½ kop hakket løg

2 jalapeño eller serrano chili, frøet (hvis det ønskes) og finthakket (se<u>vippe</u>)

1 14,5 ounce dåse uden salt tilsat brændte tomater i tern, udrænet

1 8-ounce dåse uden salttilsat tomatsauce

1 tsk garam masala uden salt tilsat

3 mellemstore zucchini

½ tsk sort peber

friske korianderblade

1. Hvis du bruger kyllingelår, skæres hvert lår i tre stykker. Hvis du bruger kyllingebrysthalvdele, skal du skære hver brysthalvdel i 2-tommers stykker, skære tykke dele i halve vandret for at lave tyndere stykker. Læg kyllingen i en stor genlukkelig plastikpose; sæt til side. Til marinaden kombineres ½ kop kokosmælk, hvidløg, ingefær, koriander, paprika, spidskommen og kardemomme i en lille skål. Hæld marinaden over kyllingen i posen. Luk posen og vend for at overtrække kyllingen. Placer posen i medium skål; mariner i køleskabet i 4 til 6 timer, vend posen af og til.

2. Forvarm grillen. I en stor stegepande opvarmes 2 spsk kokosolie over medium varme. Tilsæt gulerødder, selleri og løg; kog 6 til 8 minutter, eller indtil grøntsagerne er møre, under omrøring af og til. Tilføj jalapeños; kog og rør 1 minut mere. Tilsæt udrænede tomater og tomatsauce. Bring i kog; reducere varmen. Lad det simre uden låg i cirka 5 minutter, eller indtil saucen tykner lidt.

3. Dræn kyllingen, kassér marinaden. Arranger kyllingestykkerne i et enkelt lag på den uopvarmede rist på en bradepande. Grill 5 til 6 tommer fra varme 8 til 10 minutter, eller indtil kyllingen ikke længere er lyserød, vend en gang halvvejs gennem stegningen. Tilsæt de kogte kyllingestykker og den resterende ¼ kop kokosmælk til tomatblandingen i gryden. Kog i 1 til 2 minutter eller indtil det er gennemvarmet. Fjern fra ilden; tilsæt garam masala.

4. Trim enderne af zucchinien. Brug en julienneskærer til at skære zucchinien i lange, tynde strimler. I en ekstra stor stegepande opvarmes de resterende 2 spsk kokosolie over medium-høj varme. Tilsæt zucchinistrimler og sort peber. Kog og rør i 2 til 3 minutter, eller indtil zucchini er sprød-mør.

5. For at servere skal du dele zucchinien på fire serveringsplader. Top med kyllingeblandingen. Pynt med korianderblade.

RAS EL HANOUT KYLLINGELÅR

LEKTIER:20 minutters kogning: 40 minutters udbytte: 4 portioner

RAS EL HANOUT ER ET FERIESTEDOG BLANDING AF EKSOTISKE MAROKKANSKE KRYDDERIER. UDTRYKKET BETYDER "BUTIKKENS LEDER" PÅ ARABISK, HVILKET ANTYDER, AT DET ER EN UNIK BLANDING AF DE BEDSTE KRYDDERIER, SOM KRYDDERILEVERANDØREN HAR AT TILBYDE. DER ER INGEN FAST OPSKRIFT PÅ RAS EL HANOUT, MEN DEN INDEHOLDER OFTE EN BLANDING AF INGEFÆR, ANIS, KANEL, MUSKATNØD, PEBERNØDDER, NELLIKER, KARDEMOMME, TØRREDE BLOMSTER (SÅSOM LAVENDEL OG ROSE), SORT NIGELLA, MUSKATBLOMME, GALANGAL OG GURKEMEJE ...

- 1 spsk stødt spidskommen
- 2 tsk malet ingefær
- 1½ tsk sort peber
- 1½ tsk stødt kanel
- 1 tsk stødt koriander
- 1 tsk cayennepeber
- 1 tsk stødt allehånde
- ½ tsk stødt nelliker
- ¼ tsk stødt muskatnød
- 1 tsk safran tråde (valgfrit)
- 4 spsk uraffineret kokosolie
- 8 udbenede kyllingelår
- 1 8-ounce pakke friske svampe, skåret i skiver

1 kop hakket løg

1 kop hakket rød, gul eller grøn peberfrugt (1 stor)

4 roma tomater, udkernede, udsået og hakket

4 fed hvidløg, hakket

2 13,5-ounce dåser almindelig kokosmælk (såsom Nature's Way)

3 til 4 spsk frisk citronsaft

¼ kop finthakket frisk koriander

1. Til ras el hanout kombineres i en mellemstor morter eller lille skål spidskommen, ingefær, sort peber, kanel, koriander, cayennepeber, allehånde, nelliker, muskatnød og, hvis du ønsker det, safran. Knus med en støder eller rør med en ske for at blande godt. Sæt til side.

2. I en ekstra stor stegepande opvarmes 2 spsk af kokosolien over medium varme. Drys kyllingelårene med 1 spsk ras el hanout. Tilføj kylling til stegepanden; kog 5 til 6 minutter, eller indtil de er brune, vend en gang halvvejs gennem tilberedningen. Fjern kylling fra stegepanden; holde varmen.

3. I samme stegepande opvarmes de resterende 2 spsk kokosolie over middel varme. Tilsæt svampe, løg, peberfrugt, tomater og hvidløg. Kog og rør rundt i cirka 5 minutter, eller indtil grøntsagerne er møre. Tilsæt kokosmælk, limesaft og 1 spsk ras el hanout. Kom kyllingen tilbage i gryden. Bring i kog; reducere varmen. Kog tildækket i cirka 30 minutter, eller indtil kyllingen er mør (175°F).

4. Server kylling, grøntsager og sauce i skåle. Pynt med koriander.

Bemærk: Opbevar rester af Ras el Hanout i en tildækket beholder i op til 1 måned.

KYLLINGELÅR I CARAMBOLA MARINADE PÅ BRAISERET SPINAT

LEKTIER: 40 minutter Marinade: 4 til 8 timer Tilberedning: 45 minutter Udbytte: 4 portioner

TØR EVENTUELT KYLLINGEN.MED ET KØKKENRULLE EFTER DET KOMMER UD AF MARINADEN, INDEN DET BRUNES I GRYDEN. ENHVER VÆSKE, DER ER TILBAGE I KØDET, SPRØJTER NED I DEN VARME OLIE.

8 udbenede kyllingelår (1½ til 2 pund), skindet fjernet

¾ kop hvid eller cidereddike

¾ kop frisk appelsinjuice

½ kop vand

¼ kop hakket løg

¼ kop strimlet frisk koriander

4 fed hvidløg, hakket

½ tsk sort peber

1 spsk olivenolie

1 carambola (carambola), skåret i skiver

1 kop kyllingebensbouillon (se opskrift) eller hønsebouillon uden salt

2 9-ounce pakker friske spinatblade

friske korianderblade (valgfrit)

1. Læg kyllingen i en gryde af rustfrit stål eller emalje; sæt til side. I en mellemstor skål kombineres eddike, appelsinjuice, vand, løg, ¼ kop hakket

koriander, hvidløg og peber; hæld over kylling. Dæk til og mariner i køleskabet i 4 til 8 timer.

2. Bring kyllingeblandingen i kog i en gryde ved middelhøj varme; reducere varmen. Læg låg på og lad det simre i 35 til 40 minutter, eller indtil kyllingen ikke længere er lyserød (175°F).

3. I en ekstra stor stegepande opvarmes olie over medium-høj varme. Brug en tang til at fjerne kyllingen fra den hollandske ovn, ryst forsigtigt, så madlavningsvæsken drypper af; behold kogevæsken. Brun kyllingen på alle sider, vend ofte, så den bruner jævnt.

4. I mellemtiden, til saucen, si kogevæsken; Vend tilbage til den hollandske ovn. Bring i kog. Kog ca. 4 minutter for at reducere og tykne lidt; tilsæt carambola; kog i 1 minut mere. Kom kyllingen tilbage i saucen i den hollandske ovn. Fjern fra varmen; dække for at holde varmen.

5. Rengør gryden. Hæld kyllingebensbouillonen i en stegepande. Bring i kog ved middelhøj varme; tilsæt spinat. Reducer varmen; lad det simre i 1 til 2 minutter, eller indtil spinaten er visnet, under konstant omrøring. Brug en hulske til at overføre spinat til et serveringsfad. Top med kylling og sauce. Hvis det ønskes, drys med korianderblade.

POBLANO KÅL OG KYLLING TACOS MED CHIPOTLE MAYONNAISE

LEKTIER: 25 minutters bagning: 40 minutters udbytte: 4 portioner

SERVER DISSE RODEDE, MEN VELSMAGENDE TACOS MED EN GAFFEL FOR AT FANGE ALT FYLD, DER FALDER AF KÅLBLADET, MENS DU SPISER DET.

1 spsk olivenolie
2 poblano chili, frøet (hvis det ønskes) og hakket (se vippe)
½ kop hakket løg
3 fed hvidløg, hakket
1 spsk usaltet chilipulver
2 tsk stødt spidskommen
½ tsk sort peber
1 8-ounce dåse uden salttilsat tomatsauce
¾ kop kyllingebensbouillon (se opskrift) eller hønsebouillon uden salt
1 tsk tørret mexicansk oregano, knust
1 til 1½ pund udbenet, skindfri kyllingelår
10 til 12 mellemstore til store kålblade
Chipotle Paleo Mayo (se opskrift)

1. Forvarm ovnen til 350 ° F. I en stor ovnfast stegepande, opvarm olie over medium-høj varme. Tilsæt poblano peberfrugt, løg og hvidløg; kog og rør i 2 minutter. Tilsæt chilipulver, spidskommen

og sort peber; kog og rør i 1 minut mere (reducer om nødvendigt varmen for at forhindre krydderierne i at brænde på).

2. Tilsæt tomatsauce, kyllingebensbouillon og oregano til gryden. Bring i kog. Læg forsigtigt kyllingelårene i tomatblandingen. Dæk gryden med et låg. Bag ca. 40 minutter, eller indtil kyllingen er mør (175°F), vend én gang halvvejs igennem.

3. Fjern kyllingen fra panden; køle lidt ned. Brug to gafler til at rive kyllingen i små stykker. Tilsæt strimlet kylling til tomatblandingen i gryden.

4. For at servere, hæld kyllingeblandingen på kålblade; top med Chipotle Paleo Mayo.

KYLLINGEGRYDERET MED BABYGULERØDDER OG BOK CHOY

LEKTIER: 15 minutters madlavning: 24 minutters hvile: 2 minutter giver: 4 portioner

BABY BOK CHOY ER MEGET DELIKATOG DEN KAN OVERKOGES PÅ ET ØJEBLIK. FOR AT HOLDE DET SPRØDT OG SMAGENDE FRISK, IKKE VISNET ELLER BLØDT, SKAL DU SØRGE FOR, AT DET ER DAMPET I DEN TILDÆKKEDE VARME GRYDE (UDEN VARMEN) I HØJST 2 MINUTTER, FØR DU SERVERER GRYDERET.

- 2 spsk olivenolie
- 1 porre i skiver (hvide og lysegrønne dele)
- 4 kopper kyllingebensbouillon (se opskrift) eller hønsebouillon uden salt
- 1 kop tør hvidvin
- 1 spsk Dijon-stil sennep (se opskrift)
- ½ tsk sort peber
- 1 kvist frisk timian
- 1¼ pund udbenet, skindfri kyllingelår, skåret i 1-tommers stykker
- 8 ounce babygulerødder, toppe på, skrubbet, trimmet og halveret på langs, eller 2 mellemstore gulerødder, skåret i skiver
- 2 tsk fintrevet citronskal (reserve)
- 1 spsk frisk citronsaft
- 2 hoveder baby bok choy

½ tsk revet frisk timian

1. I en stor gryde varmes 1 spsk olivenolie op over medium varme. Kog porrer i varm olie i 3 til 4 minutter, eller indtil de er bløde. Tilsæt kyllingebensbouillon, vin, Dijon-stil sennep, ¼ tsk peber og en kvist timian. Bring i kog; reducere varmen. Kog i 10 til 12 minutter, eller indtil væsken er reduceret med omkring en tredjedel. Kassér timiankvisten.

2. Imens opvarmes de resterende 1 spsk olivenolie i en hollandsk ovn ved middelhøj varme. Drys kyllingen med den resterende ¼ tsk peber. Kog i varm olie i cirka 3 minutter, eller indtil de er brune, og rør af og til. Dræn eventuelt fedtet. Tilsæt forsigtigt den reducerede bouillonblanding til gryden, og skrab eventuelle brune stykker op; tilsæt gulerødder. Bring i kog; reducere varmen. Lad det simre uden låg i 8 til 10 minutter, eller indtil gulerødderne er møre. Tilsæt citronsaften. Skær bok choyen i halve på langs. (Hvis bok choy hovederne er store, skær dem i kvarte.) Læg bok choyen oven på kyllingen i gryden. Dæk og fjern fra varmen; lad det hvile i 2 minutter.

3. Anret gryderet i lave skåle. Drys med citronskal og timianstrimler.

KYLLINGEBRØD MED CASHEWNØDDER OG APPELSIN OG SØD PEBER PÅ SALATWRAPS

START TIL SLUT: 45 minutter gør: 4 til 6 portioner

DU FINDER TO TYPERKOKOSOLIE PÅ HYLDERNE, RAFFINERET OG EKSTRA JOMFRU, ELLER URAFFINERET. SOM NAVNET ANTYDER, KOMMER EKSTRA JOMFRU KOKOSOLIE FRA DEN FØRSTE PRESNING AF FRISK, RÅ KOKOSNØD. DET ER ALTID DEN BEDSTE MULIGHED, NÅR DU LAVER MAD PÅ MEDIUM ELLER MEDIUM-HØJ VARME. RAFFINERET KOKOSOLIE HAR ET HØJERE RØGPUNKT, SÅ BRUG DEN KUN, NÅR DU LAVER MAD VED HØJ VARME.

- 1 spsk raffineret kokosolie
- 1½ til 2 pund udbenet, skindfri kyllingelår, skåret i tynde, mundrette strimler
- 3 røde, orange og/eller gule søde peberfrugter, stilket, frøet og tyndt skåret i mundrette strimler
- 1 rødløg, halveret på langs og skåret i tynde skiver
- 1 tsk fintrevet appelsinskal (reserve)
- ½ kop frisk appelsinjuice
- 1 spsk hakket frisk ingefær
- 3 fed hvidløg, hakket
- 1 kop rå usaltede cashewnødder, ristede og groft hakkede (se vippe)
- ½ kop skåret grøn purløg (4)
- 8 til 10 ark smør eller icebergsalat

1. Varm kokosolien op ved høj varme i en wok eller stor stegepande. Tilføj kylling; kog og rør i 2 minutter. Tilsæt peberfrugt og løg; kog og rør i 2 til 3 minutter, eller indtil grøntsagerne begynder at blive bløde. Fjern kylling og grøntsager fra wokken; holde varmen.

2. Tør wokken af med køkkenrulle. Tilsæt appelsinjuice til wokken. Kog i cirka 3 minutter, eller indtil saften koger og reducerer lidt. Tilsæt ingefær og hvidløg. Kog og rør i 1 minut. Kom kyllinge- og peberblandingen tilbage i wokken. Tilsæt appelsinskal, cashewnødder og purløg. Server stegt på salatblade.

VIETNAMESISK KYLLING MED KOKOS OG CITRONGRÆS

START TIL SLUT:30 minutter gør: 4 portioner

DENNE HURTIGE KOKOS KARRYDET KAN VÆRE PÅ BORDET PÅ 30 MINUTTER FRA DET TIDSPUNKT, DU BEGYNDER AT SPISE, HVILKET GØR DET TIL ET IDEELT MÅLTID TIL EN TRAVL HVERDAG.

1 spsk uraffineret kokosolie
4 citrongræsstængler (kun lyse dele)
1 3,2-ounce pakke østerssvampe, hakket
1 stort løg, skåret i tynde skiver, ringe halveret
1 frisk jalapeno, frøet og finthakket (se vippe)
2 spsk hakket frisk ingefær
3 fed hvidløg, hakket
1½ pund udbenet, skindfri kyllingelår, i tynde skiver og fint hakket
½ kop almindelig kokosmælk (såsom Nature's Way)
½ kop kyllingebensbouillon (se opskrift) eller hønsebouillon uden salt
1 spsk usaltet rødt karrypulver
½ tsk sort peber
½ kop hakkede friske basilikumblade
2 spsk frisk limesaft
Usødet revet kokosnød (valgfrit)

1. I en ekstra stor stegepande opvarmes kokosolie over middel varme. Tilføj citrongræs; kog og rør i 1 minut. Tilføj svampe, løg, jalapeno, ingefær og

hvidløg; kog og rør i 2 minutter eller indtil løget er mørt. Tilføj kylling; kog cirka 3 minutter eller indtil kyllingen er gennemstegt.

2. Kombiner kokosmælk, kyllingebensbouillon, karrypulver og sort peber i en lille skål. Tilføj til kylling blanding i stegepande; kog 1 minut eller indtil væsken tykner lidt. Fjern fra varmen; tilsæt frisk basilikum og limesaft. Hvis det ønskes, drys portioner med kokos.

GRILLET KYLLING OG ÆBLE ESCAROLE SALAT

LEKTIER:30 minutter grill: 12 minutter udbytte: 4 portioner

HVIS DU KAN LIDE ET SØDERE ÆBLEGÅ MED HONEYCRISP. HVIS DU KAN LIDE EN ÆBLEKAGE, SÅ BRUG GRANNY SMITH ELLER FOR BALANCEN, PRØV EN BLANDING AF DE TO VARIANTER.

3 mellemstore Honeycrisp eller Granny Smith æbler

4 teskefulde ekstra jomfru olivenolie

½ kop finthakkede skalotteløg

2 spsk hakket frisk persille

1 spsk fjerkrækrydderi

3 til 4 endiviehoveder, i kvarte

1 pund malet kylling eller kalkunbryst

⅓ kop hakkede ristede hasselnødder*

⅓ kop klassisk fransk vinaigrette (se opskrift)

1. Skær i halve og udkern æblerne. Skræl og hak 1 af æblerne fint. Varm 1 tsk olivenolie i en mellemstor stegepande over medium varme. Tilsæt det hakkede æble og skalotteløg; kog til det er mørt. Tilsæt persille og fjerkrækrydderi. Lad afkøle.

2. Udkern imens de resterende 2 æbler og skær dem i både. Pensl de afskårne sider af æbleskiverne og endive med den resterende olivenolie. I en stor skål kombineres kylling og afkølet æbleblanding. Del i

otte portioner; form hver portion til en patty med en diameter på 2 tommer.

3. Til en kul- eller gasgrill placeres kyllingefrikadellerne og æbleskiverne på en grill direkte over middel varme. Dæk til og grill i 10 minutter, vend én gang halvvejs gennem grillen. Tilføj endive med de afskårne sider nedad. Dæk til og grill i 2 til 4 minutter, eller indtil endivie er let forkullet, babyæbler og kyllingebøffer er færdige (165°F).

4. Hak escarole i store stykker. Fordel escarolen mellem fire serveringsplader. Top med kyllingefrikadeller, æbleskiver og hasselnødder. Dryp med klassisk fransk vinaigrette.

*Tip: For at riste hasselnødderne skal du forvarme ovnen til 350 ° F. Fordel nødderne i et enkelt lag i et lavt ovnfad. Bages 8 til 10 minutter eller indtil let ristet, omrør en gang for at brune jævnt. Afkøl nødderne lidt. Læg de varme nødder på et rent køkkenrulle; gnid med et håndklæde for at fjerne løs hud.

TOSCANSK KYLLINGESUPPE MED GRØNKÅLSBÅND

LEKTIER:15 minutters kogning: 20 minutter Udbytte: 4 til 6 portioner

EN SKEFULD PESTO-DIT VALG AF BASILIKUM ELLER RUCOLA - GIVER GOD SMAG TIL DENNE SMAGFULDE SUPPE KRYDRET MED SALTFRI FJERKRÆKRYDDERI. FOR AT HOLDE KÅLBÅND LYSEGRØNNE OG SÅ NÆRINGSRIGE SOM MULIGT, KOG DEM LIGE INDTIL DE ER VISNE.

- 1 pund hakket kylling
- 2 spsk uden salt tilsat fjerkrækrydderi
- 1 tsk fintrevet citronskal
- 1 spsk olivenolie
- 1 kop hakket løg
- ½ kop hakkede gulerødder
- 1 kop hakket selleri
- 4 fed hvidløg, skåret i skiver
- 4 kopper kyllingebensbouillon (se opskrift) eller hønsebouillon uden salt
- 1 14,5-ounce dåse uden salt tilsat brandristede tomater, udrænede
- 1 bundt Lacinato (toscansk) grønkål, stilke fjernet, skåret i strimler
- 2 spsk frisk citronsaft
- 1 tsk revet frisk timian
- Basilikum eller rucola pesto (se opskrifter)

1. Kombiner malet kylling, fjerkrækrydderi og citronskal i en mellemstor skål. Bland godt.

2. I en hollandsk ovn opvarmes olivenolie over medium varme. Tilsæt kyllingeblanding, løg, gulerødder og selleri; kog 5 til 8 minutter, eller indtil kyllingen ikke længere er lyserød, rør rundt med en træske for at bryde kødet op og tilsæt snittet hvidløg i det sidste minut af tilberedningen. Tilsæt kyllingebensbouillon og tomater. Bring i kog; reducere varmen. Dæk til og kog ved svag varme i 15 minutter. Tilsæt grønkål, citronsaft og timian. Lad det simre uden låg i cirka 5 minutter, eller indtil grønkålen er mør.

3. Til servering hældes suppen i skåle og toppes med basilikum eller rucola pesto.

www.ingramcontent.com/pod-product-compliance
Lightning Source LLC
Chambersburg PA
CBHW071427080526
44587CB00014B/1764